파워포인트 핵심 기능을 탐색하고 이 책을 활용해 보세요!

중요도	키워드	파워포인트 수업 과제 해결하기	페이지
★★★	텍스트 입력, 배경 색상	01 파워포인트 2016 알아보기	6
★★★	도형 삽입, 도형 색상	02 타원과 원호로 스마일 로고 만들기	12
★★★	그룹화, 개체 순서, 원호 유형	03 도형을 정렬하여 무당벌레 스티커 만들기	18
★	글머리	04 글머리 기호로 자기소개서 만들기	26
★	점선, 맞춤 개체 위치	05 선을 이용하여 생일 카드 만들기	30
★	표 스타일	06 표와 개체를 이용하여 용돈 기입장 만들기	34
★★	개체 회전, 맞춤 개체 위치	07 원과 선으로 여름 방학 계획표 만들기	40
★	도형 스타일, 맞춤 개체 위치	08 원 번호 복사하여 칭찬 스티커 판 만들기	46
★	도형 크기, 도형 색상	09 아이콘을 이용하여 게임 카드 만들기	52
★★★	표 스타일, 셀 병합	10 표 편집하여 시간표 만들기	56
★★	그라데이션, 그림자	11 이미지 삽입하여 여행 사진 꾸미기	62
★	슬라이드 크기, 텍스트 효과	12 글자를 강조하여 회장 포스터 만들기	70
★★	그림 수정, 자르기	13 달의 모양을 변형하여 과학 포스터 만들기	80
★	그림 자르기(비율), 이미지 효과	14 이미지 자르고 프레임 만들어 역사 문화 소개하기	88
★★★	슬라이드 화면 전환	15 화면 전환으로 박물관 관람기 만들기	94
★★★	디자인테마	16 디자인 테마로 가족 캠핑 여행기 만들기	100
★★★	스마트아트	17 스마트아트로 구기 종목 안내 만들기	106
★★	차트 삽입	18 차트로 유네스코 등재유산 현황 만들기	112
★★★	하이퍼링크	19 하이퍼링크로 직업 소개하기	118
★	오디오 삽입	20 오디오 삽입하여 피아노 연주곡 발표하기	124
★★	강조 애니메이션	21 점점 커지는 폭발 애니메이션 만들기	130
★★	이동 경로 애니메이션	22 우주선이 비행하는 애니메이션 만들기	138
★	사용자 지정 애니메이션	23 치카치카 양치 애니메이션 만들기	144
★★★	닦아 내기 애니메이션	24 비가 만들어지는 과정 애니메이션 만들기	152

체계적인 구성을 미리보고, 쉽고 빠르게 공부하세요!

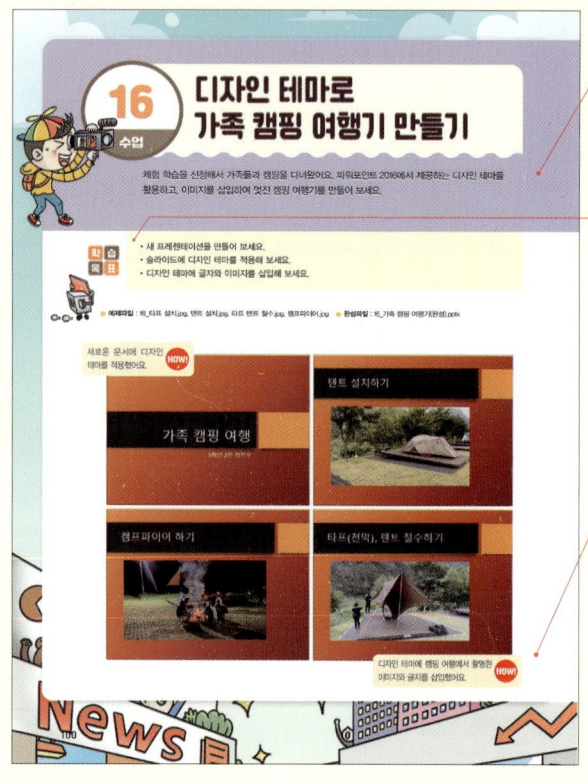

과제 정의
파워포인트 2016에서 꼭 알아야 할 기능을 선별하여 과제를 제시합니다. 쉽고 빠르게 과제를 공부해 보세요.

학습 목표
과목별 필수 기능을 공부할 수 있도록 학습 방향의 길잡이 역할인 학습 목표를 먼저 확인하세요.

HOW!
예제를 미리보고 어떻게 만들었는지 확인할 수 있어요. 무조건 따라하기 전에 어떤 기능을 사용하였는지 생각해 보세요.

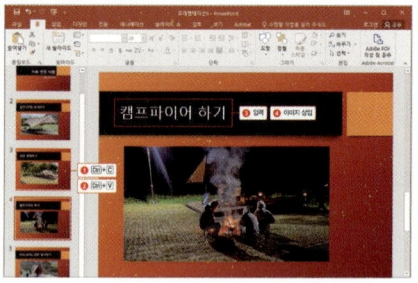

따라하기
학습 내용을 직접 따라할 수 있도록 예제로 구성하였어요. 따라하기 번호와 표시한 설정대로 따라해 보세요.

WHY?
파워포인트 2016 활용 폭을 넓히기 위해서 예제에서 사용한 기능을 왜 사용했는지 설명합니다.

팁
따라하는 과정에 관한 기본 팁을 제공해요. 예제 관련 부연 설명, 설정 정보 등을 친절하게 설명합니다.

혼자서도 잘해요
학습을 마무리할 때마다 혼자 해 보는 코너를 통해 자신의 실력을 체크해 보세요.

힌트
혼자서 예제를 만들 때 과정이 막힐 경우에는 힌트를 참조하세요.

학습 과정표
파워포인트 2016의 핵심 기능을 탐색하고, 이 책에서 소개하는 중요 기능과 24차시 학습 과정을 알아보세요.

수업 평가표
혼자서도 잘해요! 코너까지 학습하였다면 스스로 결과를 체크하고, 배운 기능으로 다양한 결과물을 얻을 수 있을지 확인해 보세요.

목차

01 파워포인트 2016 알아보기 — 6
1. 파워포인트 2016 실행하기 — 7
2. 글자 입력하고 배경 색상 적용하기 — 8
3. 새 슬라이드 추가하기 — 8
4. 이미지 삽입하여 확대하기 — 9
5. 문서 저장하기 — 10

02 타원과 원호로 스마일 로고 만들기 — 12
1. 스마일 얼굴 그리기 — 13
2. 타원 복사하여 스마일 눈 그리기 — 14
3. 원호와 선으로 스마일 입 그리기 — 15

03 도형을 정렬하여 무당벌레 스티커 만들기 — 18
1. 타원과 삼각형으로 무당벌레 몸 그리기 — 19
2. 무당벌레 머리, 더듬이 그려 정렬하기 — 21
3. 그룹으로 지정하고 전체 정렬하기 — 23

04 글머리 기호로 자기소개서 만들기 — 26
1. 글자 입력하기 — 27
2. 글머리 기호 적용하기 — 28

05 선을 이용하여 생일 카드 만들기 — 30
1. 파선 그리기 — 31
2. 파선 간격과 길이 배치하기 — 32
3. 물결 도형 그리기 — 32

06 표와 개체를 이용하여 용돈 기입장 만들기 — 34
1. 표 그리고 스타일 지정하기 — 35
2. 글자 입력하고 표 크기 조절하기 — 36
3. 이미지 삽입하고 배치하기 — 37
4. 제목 만들기 — 38

07 원과 선으로 여름 방학 계획표 만들기 — 40
1. 원 복사하고 배치하기 — 41
2. 선 복사하고 회전하기 — 42
3. 원 그리고 글자 입력하기 — 43

08 원 번호 복사하여 칭찬 스티커 판 만들기 — 46
1. 사각형으로 칠판 그리기 — 47
2. 원 번호 만들기 — 47
3. 원 번호 복사하기 — 48
4. 글자 입력하고 그림자 적용하기 — 49

09 아이콘을 이용하여 게임 카드 만들기 — 52
1. 둥근 사각형 그리기 — 53
2. 아이콘 복사하여 배치하기 — 53
3. 둥근 사각형 색 지정하기 — 54

10 표 편집하여 시간표 만들기 — 56
1. 기본 표 만들기 — 57
2. 표 스타일 변경하기 — 57
3. 표에 내용 입력하기 — 59
4. 표의 셀 합치기 — 60

11 이미지 삽입하여 여행 사진 꾸미기 — 62
1. 이미지 삽입하기 — 63
2. 글자 입력하기 — 64
3. 압핀 그리기 — 66
4. 그림자 효과 적용하기 — 67

12 글자를 강조하여 회장 포스터 만들기 — 70
1. 슬라이드 크기 변경하기 — 71
2. 배경 단색으로 채우기 — 72
3. 글자 입력하고 효과 적용하기 — 73
4. 이미지 삽입하고 효과 적용하기 — 74
5. 글자 입력하고 도형과 배치하기 — 76

예제 및 완성 파일 사용하기
이 책에서 사용된 예제 파일과 완성 파일은 빅식스 홈페이지(www.bigsix.kr)에서 다운로드할 수 있습니다.

13 달의 모양을 변형하여 과학 포스터 만들기 80
1. 이미지 복사하고 보정하기 81
2. 이미지 자르기 82
3. 도형을 활용하여 이미지 변형하기 83

14 이미지 자르고 프레임 만들어 역사 문화 소개하기 88
1. 이미지 비율에 맞춰 자르기 89
2. 이미지 프레임 적용하기 90
3. 이미지 자유롭게 자르기 92

15 화면 전환으로 박물관 관람기 만들기 94
1. 이미지 프레임 적용하기 95
2. 슬라이드에 화면 전환 적용하기 96

16 디자인 테마로 가족 캠핑 여행기 만들기 100
1. 디자인 테마 적용하기 101
2. 글자 입력하고 이미지 삽입하기 102

17 스마트아트로 구기 종목 안내 만들기 106
1. 스마트아트 그래픽 선택하기 107
2. 스마트아트에 이미지와 글자 삽입하기 107
3. 스마트아트 스타일 변경하기 109

18 차트로 유네스코 등재유산 현황 만들기 112
1. 차트 삽입하기 113
2. 엑셀로 데이터 입력하기 114
3. 차트 선 스타일 변경하고 제목 입력하기 115
4. 차트 크기 조절하기 116

19 하이퍼링크로 직업 소개하기 118
1. 글자 입력하고 줄 간격 지정하기 119
2. 동일한 위치에 이미지 붙여 넣기 121
3. 이미지에 하이퍼링크 등록하기 122

20 오디오 삽입하여 피아노 연주곡 발표하기 124
1. 이미지 삽입하고 배치하기 125
2. 회전 애니메이션 적용하기 127
3. 오디오 삽입하기 127

21 점점 커지는 폭발 애니메이션 만들기 130
1. 말풍선과 폭발 형태의 도형 그리기 131
2. 글자 입력하기 133
3. 도형과 글자에 애니메이션 적용하기 134

22 우주선이 비행하는 애니메이션 만들기 138
1. 우주선 이미지에 애니메이션 적용하기 139
2. 구름 이미지에 애니메이션 적용하기 140
3. 애니메이션 타이밍 지정하기 141

23 치카치카 양치 애니메이션 만들기 144
1. 슬라이드 크기 변경하기 145
2. 이미지에 흐림 효과 적용하기 146
3. 이미지 배치하고 그룹으로 지정하기 147
4. 경로 만들어 애니메이션 적용하기 149
5. 글자 입력하기 149

24 비가 만들어지는 과정 애니메이션 만들기 152
1. 이미지 삽입하고 글자 입력하기 153
2. 슬라이드 복사하고 선 그리기 153
3. 도형에 그라데이션 적용하고 이미지 자르기 154
4. 애니메이션 적용하고 설정하기 157

01 파워포인트 2016 알아보기

파워포인트 2016 프로그램을 실행하여 화면 구성을 알아보고, 글자 입력과 배경 색상 적용, 이미지를 삽입하여 멋진 발표 자료를 만들어 보세요.

학습목표
- 파워포인트 2016의 화면 구성을 알아보세요.
- 글자를 입력하고, 배경 색상 적용과 이미지를 삽입해 보세요.
- 새로운 문서를 만들고 저장해 보세요.

● 예제파일 : 01_자동차.png   ● 완성파일 : 01_파워포인트(완성).pptx

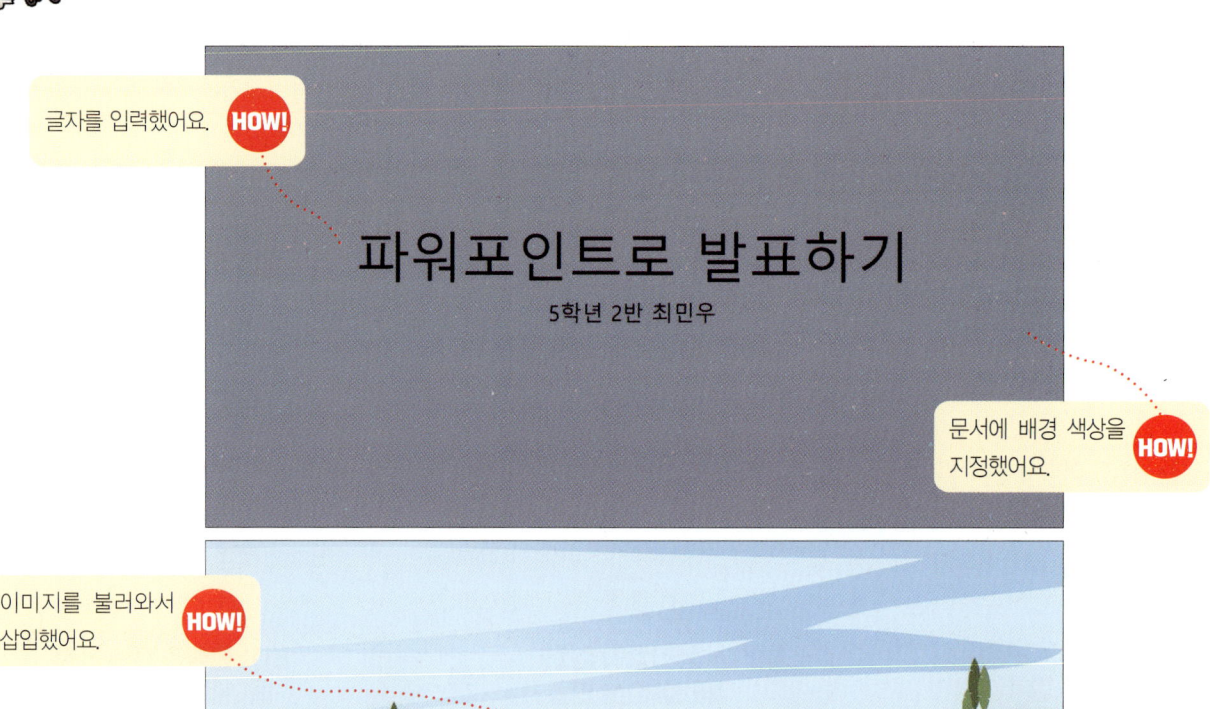

글자를 입력했어요. **HOW!**

파워포인트로 발표하기
5학년 2반 최민우

문서에 배경 색상을 지정했어요. **HOW!**

이미지를 불러와서 삽입했어요. **HOW!**

이미지를 슬라이드에 맞게 확대했어요. **HOW!**

1 파워포인트 2016 실행하기

01 파워포인트 2016 프로그램을 실행하기 위해 [시작(⊞)]을 클릭한 다음 'PowerPoint 2016'을 선택해요

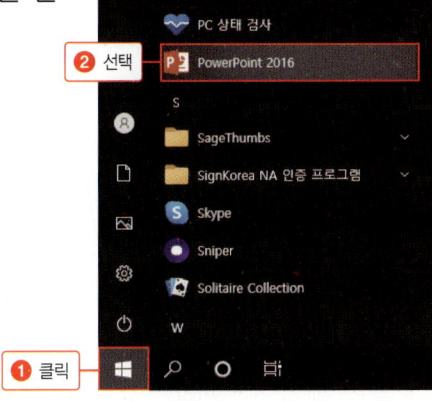

02 파워포인트 2016이 실행되면 [새 프레젠테이션]을 클릭하여 새 슬라이드를 표시해요.

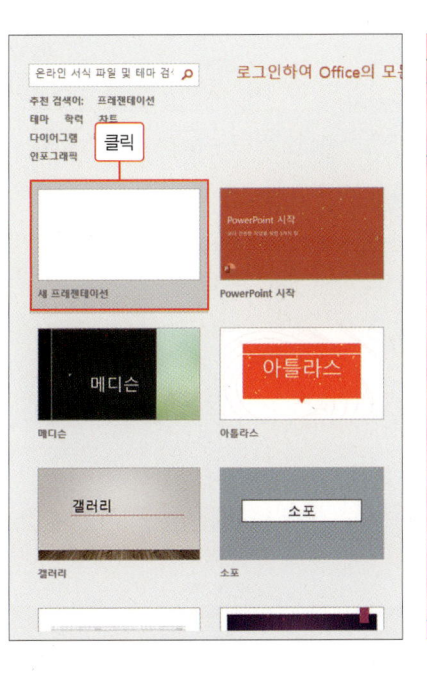

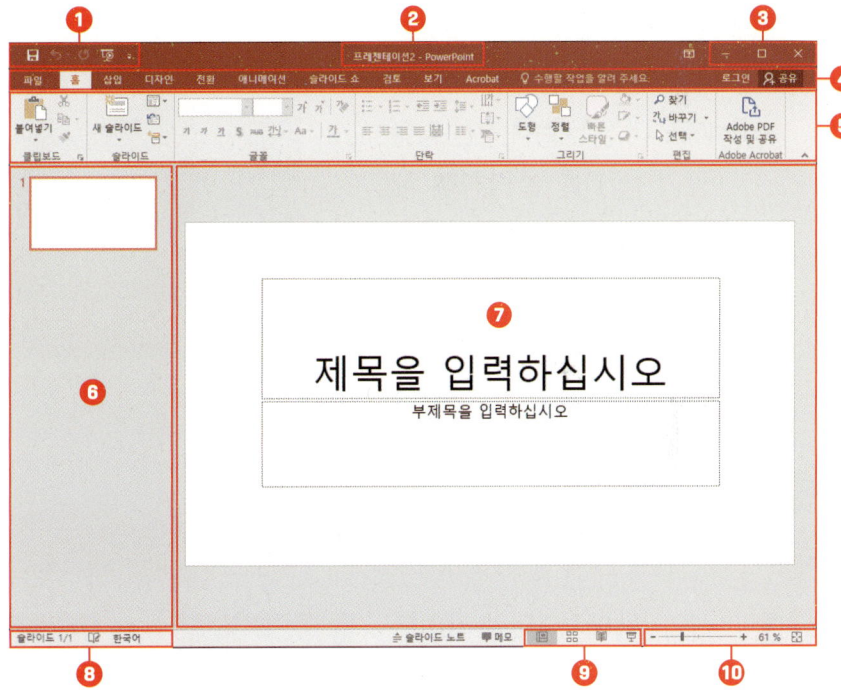

❶ **빠른 실행 도구 모음** : 저장, 실행 취소 등 자주 사용하는 도구를 선택하며, 사용자가 지정하여 변경할 수도 있어요.
❷ **제목 표시줄** : 작업 중인 문서의 이름과 프로그램 이름이 표시돼요.
❸ **창 조정 도구** : 작업 창을 최소화, 최대화하거나 닫을 수 있어요.
❹ **메뉴 탭** : 작업에 필요한 메뉴를 선택할 수 있어요.
❺ **리본 메뉴** : 메뉴 탭을 클릭하면 각 메뉴의 도구와 기능이 표시돼요.
❻ **슬라이드 패널** : 슬라이드가 축소되어 표시돼요.
❼ **작업 창** : 편집 중인 슬라이드가 표시돼요.
❽ **상태 표시줄** : 슬라이드 번호, 맞춤법 오류, 언어 등이 표시돼요.
❾ **슬라이드 보기 도구** : 기본, 여러 슬라이드, 읽기용 보기, 슬라이드 쇼 보기 형식을 선택할 수 있어요.
❿ **확대/축소 도구** : 확대/축소하여 슬라이드의 크기를 조절할 수 있어요.

01 • 파워포인트 2016 알아보기 **7**

 **2 글자 입력하고 배경 색상 적용하기**

01 '제목을 입력하십시오' 텍스트 상자를 클릭하고 '파워포인트로 발표하기'를 입력한 다음 '부제목을 입력하십시오' 텍스트 상자를 클릭하고 '5학년 2반 최민우'를 입력해요.

02 〔디자인〕 탭에서 〔배경 서식()〕을 클릭하여 〔배경 서식〕 패널을 표시해요. 채우기를 '단색 채우기'로 선택하고, 색을 '청회색, 텍스트 2, 40% 더 밝게'로 지정한 다음 〔닫기(×)〕를 클릭하여 패널을 닫아요.

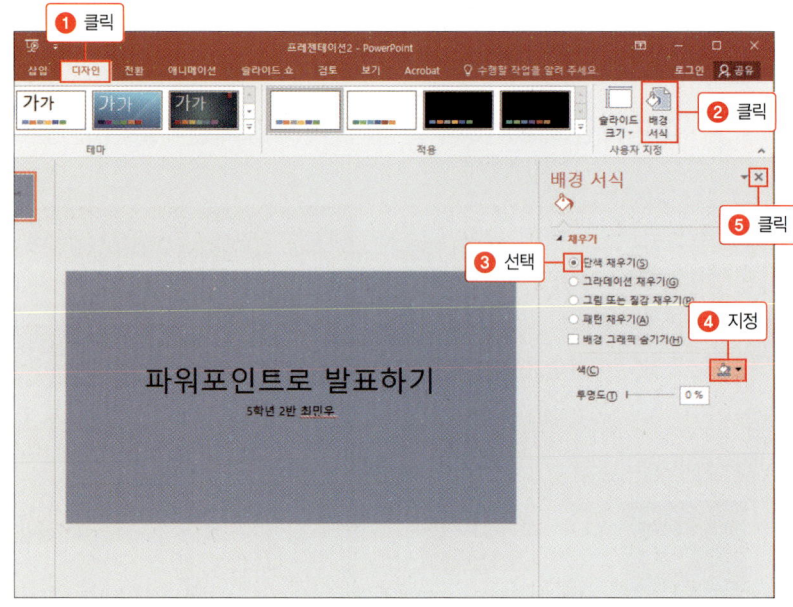

WHY? [배경 서식]을 클릭하면 배경의 색상, 그라데이션 등 설정을 변경할 수 있어요.

 **3 새 슬라이드 추가하기**

01 〔삽입〕 탭에서 〔새 슬라이드(▤)〕를 클릭한 다음 '빈 화면'을 선택해요.

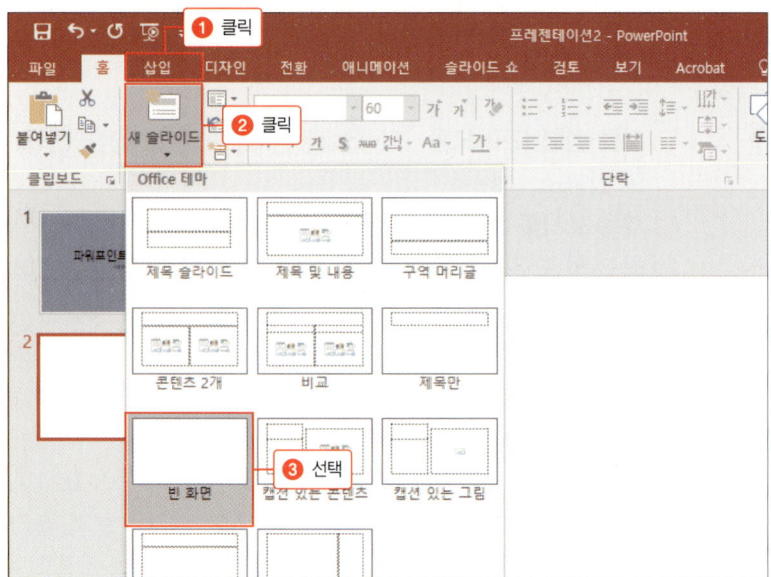

 ### 4 이미지 삽입하여 확대하기

01 〔삽입〕 탭에서 〔그림()〕을 클릭하여 〔그림 삽입〕 대화 상자가 표시되면 01 폴더에서 '자동차.png' 파일을 선택한 다음 〔삽입〕을 클릭해요.

02 슬라이드에 자동차 이미지가 삽입되었어요.

03 이미지 변형점에 마우스 커서를 가져가 드래그하면 이미지가 확대돼요.

5 문서 저장하기

01 문서를 저장하기 위해 〔파일〕 탭에서 '저장'을 선택한 다음 '찾아보기'를 선택해요.

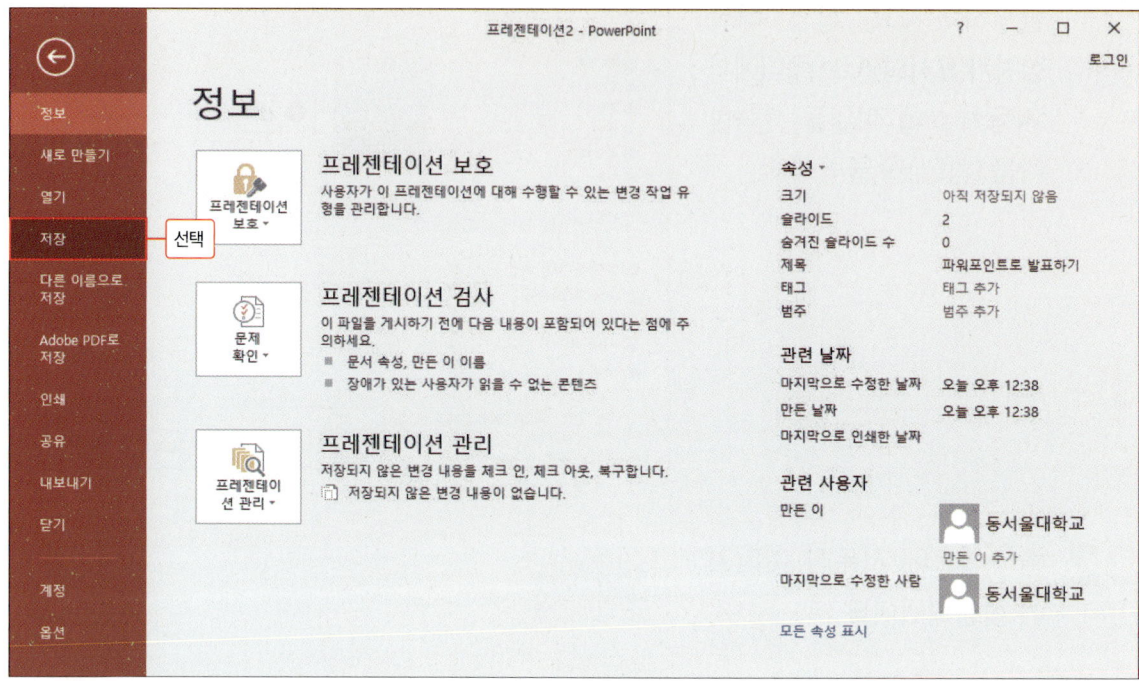

02 〔다른 이름으로 저장〕 대화상자가 표시되면 저장 위치를 지정하고, 파일 이름을 입력한 다음 〔저장〕을 클릭하면 문서가 저장돼요.

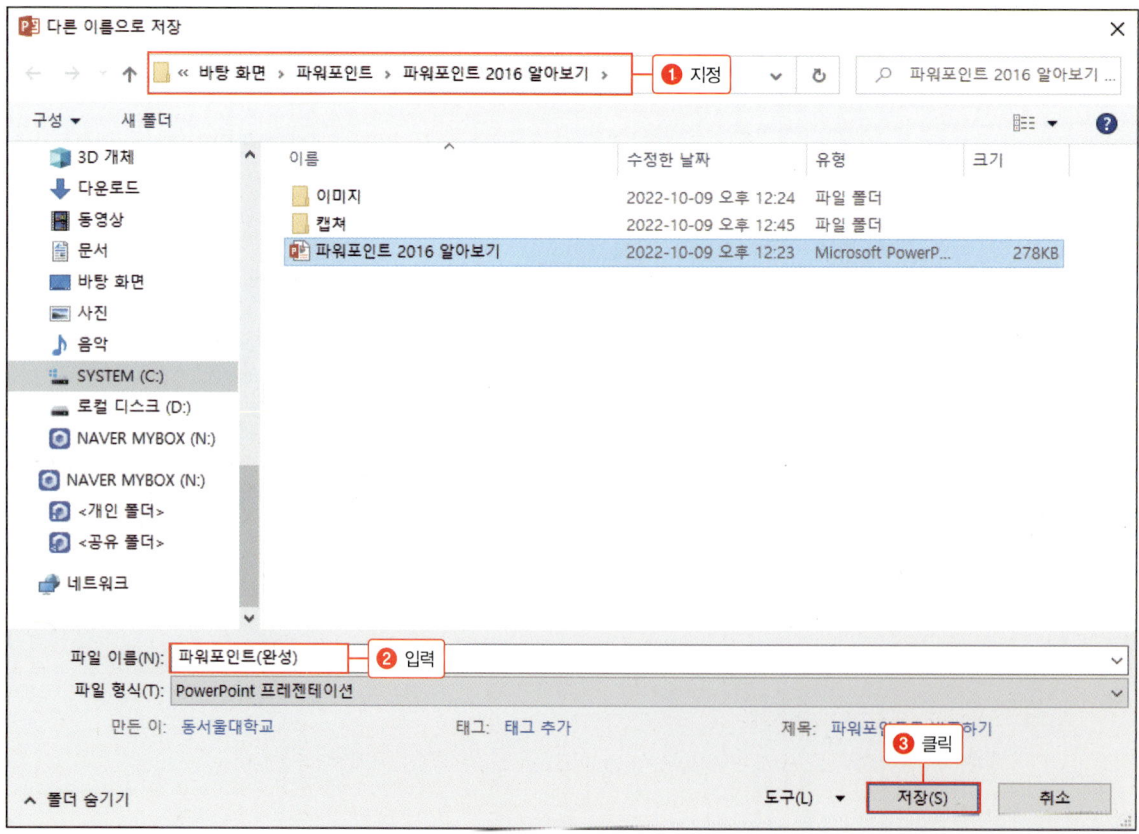

01 ▶ 과일 이름을 입력해 보세요.

● 예제파일 : 01_과일.pptx   ● 완성파일 : 01_과일(완성).pptx

 직사각형을 클릭해서 글자를 입력해요.

02 ▶ 단색과 그라데이션으로 배경을 적용해 보세요.

● 예제파일 : 01_배경.pptx   ● 완성파일 : 01_배경(완성).pptx

❶ [배경 서식]을 클릭해요.
❷ 1번 슬라이드는 [단색 채우기], 2번 슬라이드는 [그라데이션 채우기]를 적용해요.

02 타원과 원호로 스마일 로고 만들기

파워포인트에서 제공하는 다양한 도형 도구를 활용하여 도형에 색상을 적용하고 회전시켜서 스마일 로고를 그려 보세요.

학습목표
- 다양한 도형을 그려 보세요.
- 도형에 색상을 적용해 보세요.
- 선과 원호를 복사하고 회전해 보세요.

● **예제파일** : 02_스마일.pptx   ● **완성파일** : 02_스마일(완성).pptx

1 스마일 얼굴 그리기

01 02 폴더에서 '스마일.pptx' 파일을 연 다음 〔삽입〕 탭에서 〔도형(📷)〕을 클릭해요. 〔타원(○)〕을 클릭하고 Shift를 누른 상태로 드래그하여 정원을 그려요.

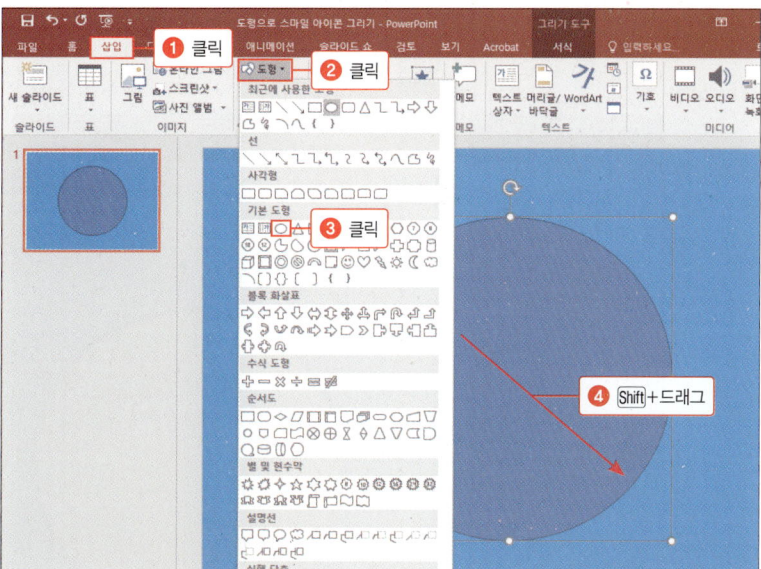

> **WHY?** 파워포인트에서 제공하는 다양한 도형 및 기호를 [도형]에서 선택하고 그릴 수 있어요.

02 〔서식〕 탭에서 〔도형 채우기(🎨)〕를 클릭하여 색을 지정해요.
• 색 : 노랑

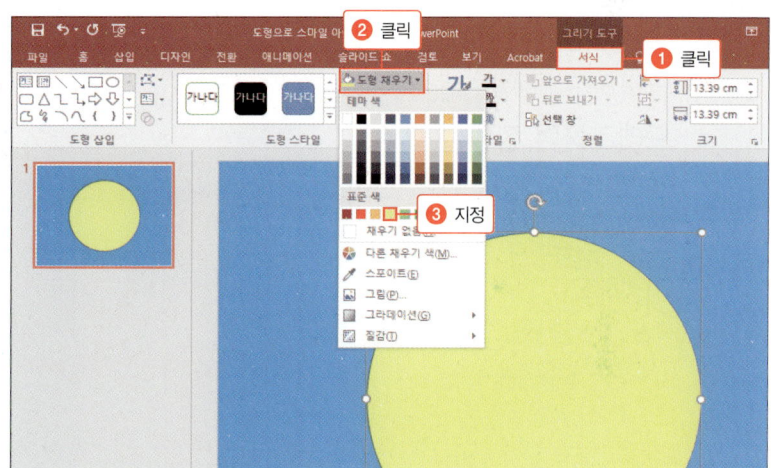

03 〔도형 윤곽선(✏️)〕을 클릭하여 색과 두께를 지정해요.
• 윤곽선 색 : 검정, 텍스트 1 두께 : 6pt

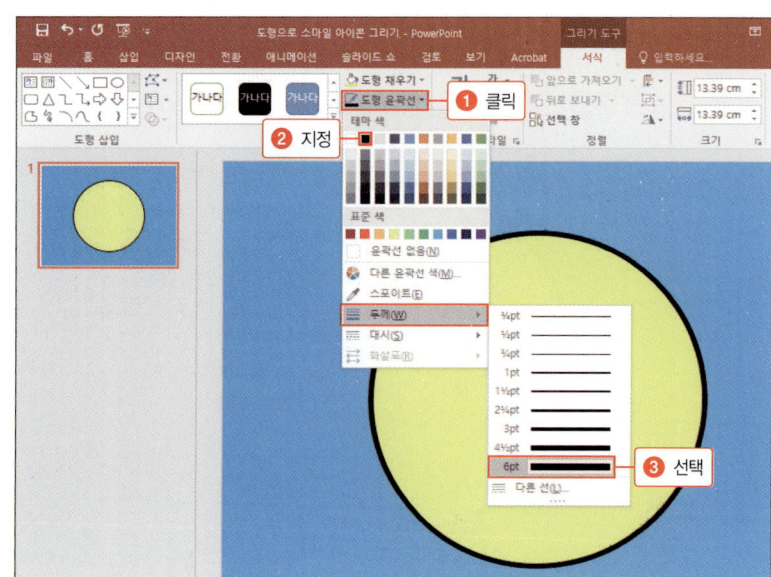

> **WHY?** 도형의 두께를 변경할 때 사용하고 '다른 선'을 선택하면 선의 설정을 변경할 수 있어요.

02 • 타원과 원호로 스마일 로고 만들기

2 타원 복사하여 스마일 눈 그리기

01 〔서식〕 탭에서 〔타원(◯)〕을 클릭하고 드래그하여 그려요. 〔도형 채우기(🎨)〕와 〔도형 윤곽선(✏️)〕을 클릭하여 색을 지정해요. • **색** : 검정, 텍스트 1 **윤곽선 색** : 윤곽선 없음

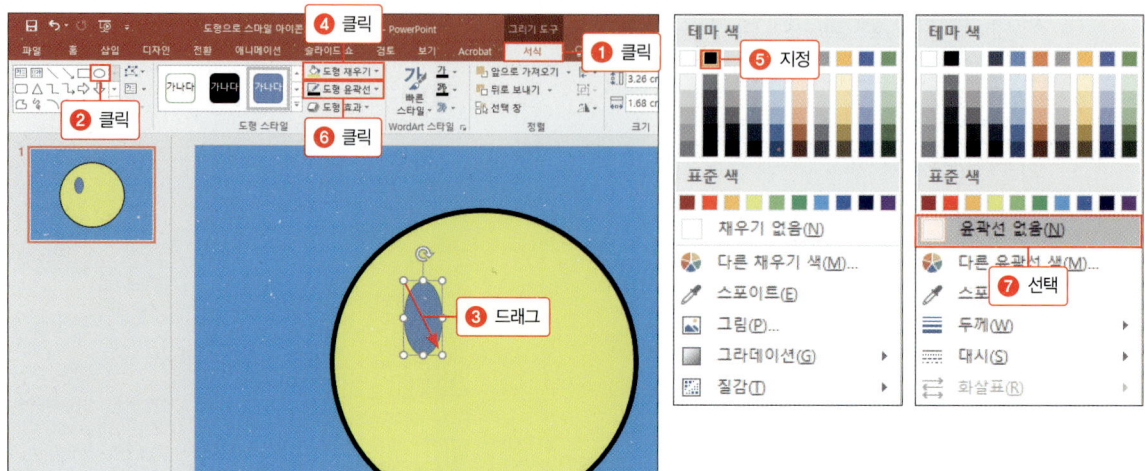

02 〔서식〕 탭에서 〔타원(◯)〕을 클릭하고 Shift 를 누른 상태로 드래그하여 정원을 그려요. 〔도형 채우기(🎨)〕와 〔도형 윤곽선(✏️)〕을 클릭하여 색을 지정해요.

• **색** : 흰색, 배경 1
  윤곽선 색 : 윤곽선 없음

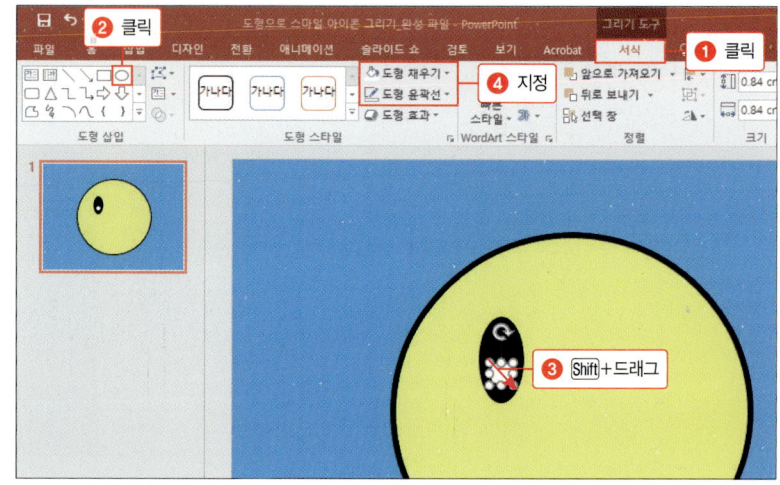

03 Shift 를 누른 상태로 검은색 타원과 흰색 정원을 선택해요. Ctrl + C 를 눌러 복사하고, Ctrl + V 를 눌러 붙여 넣은 다음 배치해요.

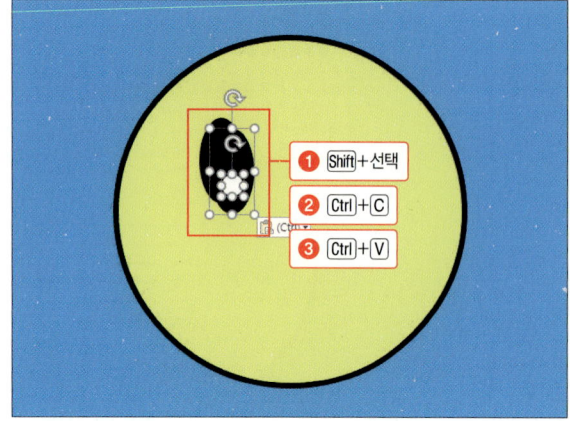
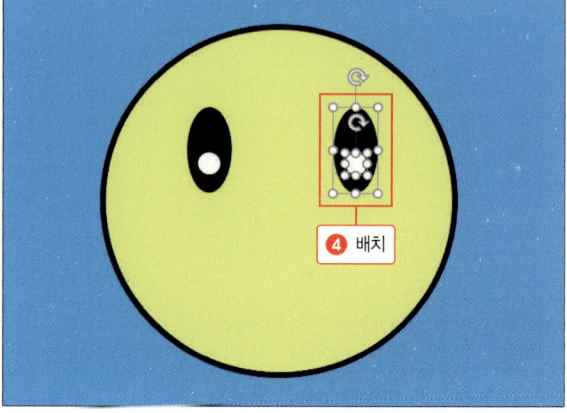

3 원호와 선으로 스마일 입 그리기

01 〔서식〕 탭에서 〔원호( )〕를 클릭하고 Shift를 누른 상태로 드래그하여 그린 다음 회전점을 드래그하여 회전해요.

02 〔도형 윤곽선( )〕을 클릭하여 색과 두께를 지정해요.
- 윤곽선 색 : 검정, 텍스트 1 두께 : 6pt

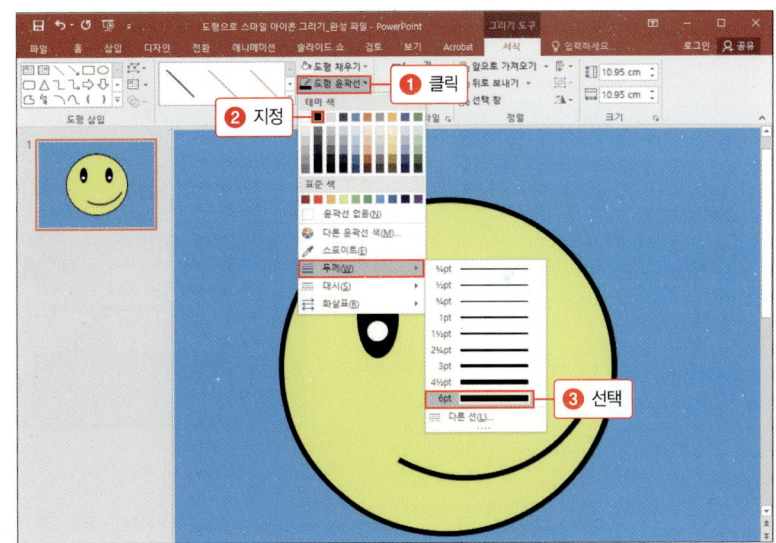

03 회전점을 드래그하여 그림과 같이 회전하고 이동해요.

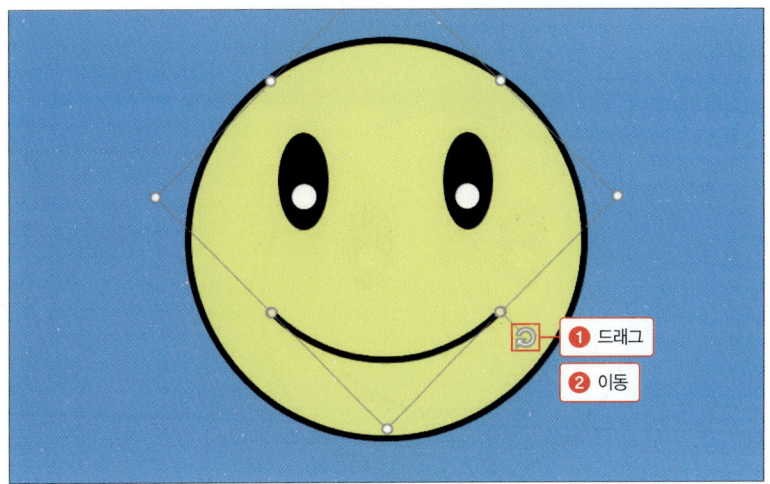

04 〔서식〕 탭에서 〔선(□)〕을 클릭하고 Shift를 누른 상태로 드래그하여 그려요. 〔도형 윤곽선(☑)〕을 클릭하여 색과 두께를 지정해요.

• **윤곽선 색** : 검정, 텍스트 1 **두께** : 6pt

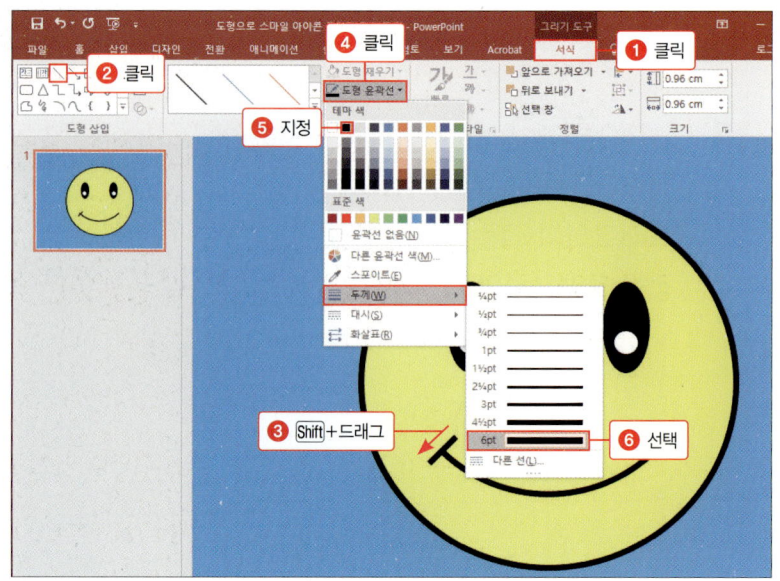

05 선을 선택한 다음 Ctrl+C를 눌러 복사하고, Ctrl+V를 눌러 붙여 넣어요.

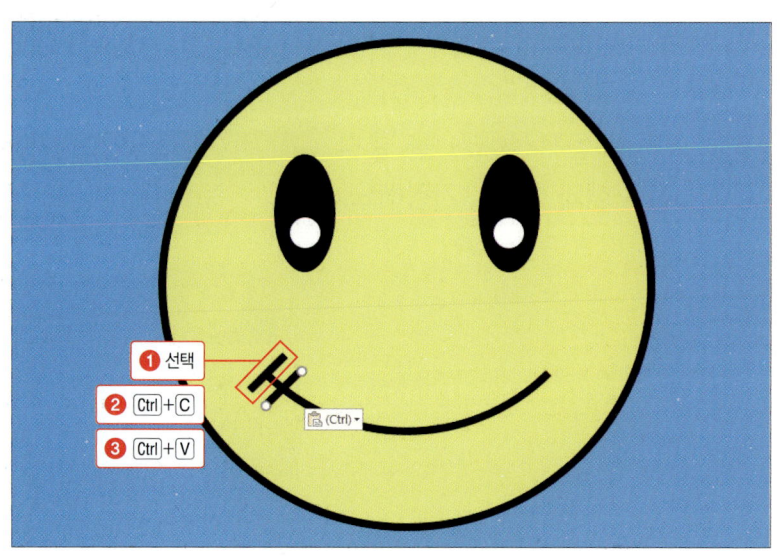

06 〔회전(▣)〕을 클릭한 다음 '왼쪽으로 90도 회전'을 선택하여 회전하고, 그림과 같이 배치하여 완성해요.

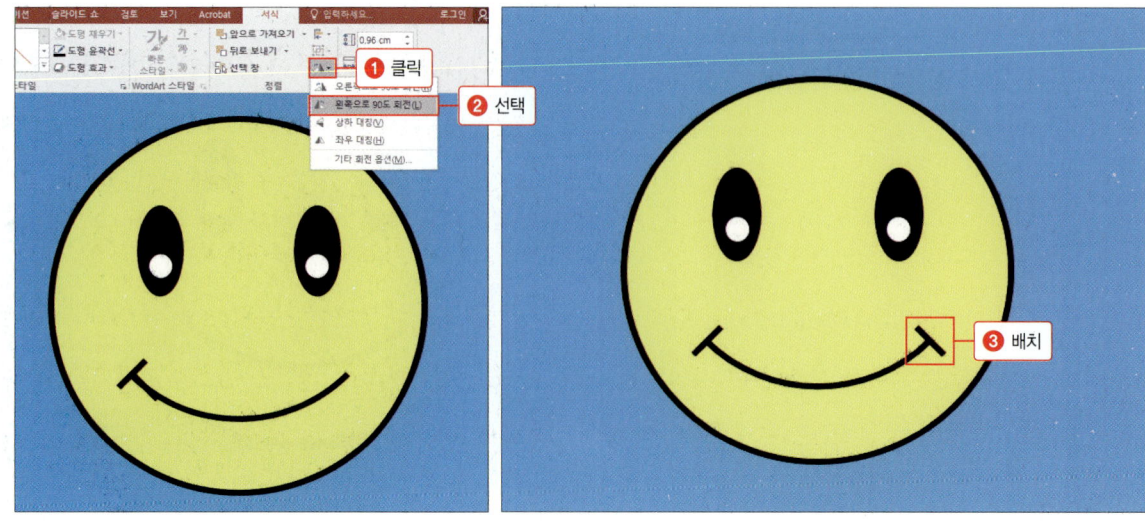

16

01 ▶ 도형 도구를 활용해서 아이스크림을 그려 보세요.

● **예제파일** : 02_아이스크림.pptx   ● **완성파일** : 02_아이스크림(완성).pptx

❶ (타원)과 (이등변 삼각형)을 사용해요.
❷ 회전점을 드래그하여 회전해요.

02 ▶ 도형 도구를 활용해서 포도를 그려 보세요.

● **예제파일** : 02_포도.pptx   ● **완성파일** : 02_포도(완성).pptx

❶ (도형 채우기)와 (도형 윤곽선)으로 면과 선의 색상 및 두께를 적용해요.
❷ (원호)를 사용해 포도의 반짝이는 부분을 표현해요.

03 수업 도형을 정렬하여 무당벌레 스티커 만들기

다양한 도형 도구를 활용하여 무당벌레의 몸을 그리고, 원호의 스타일을 지정하여 더듬이를 그린 다음 도형을 정렬하여 무당벌레를 완성해 보세요.

- 다양한 도형을 그려 보세요.
- 도형의 순서를 변경해 보세요.
- 도형을 정렬해 보세요.

● 예제파일 : 03_무당벌레.pptx   ● 완성파일 : 03_무당벌레(완성).pptx

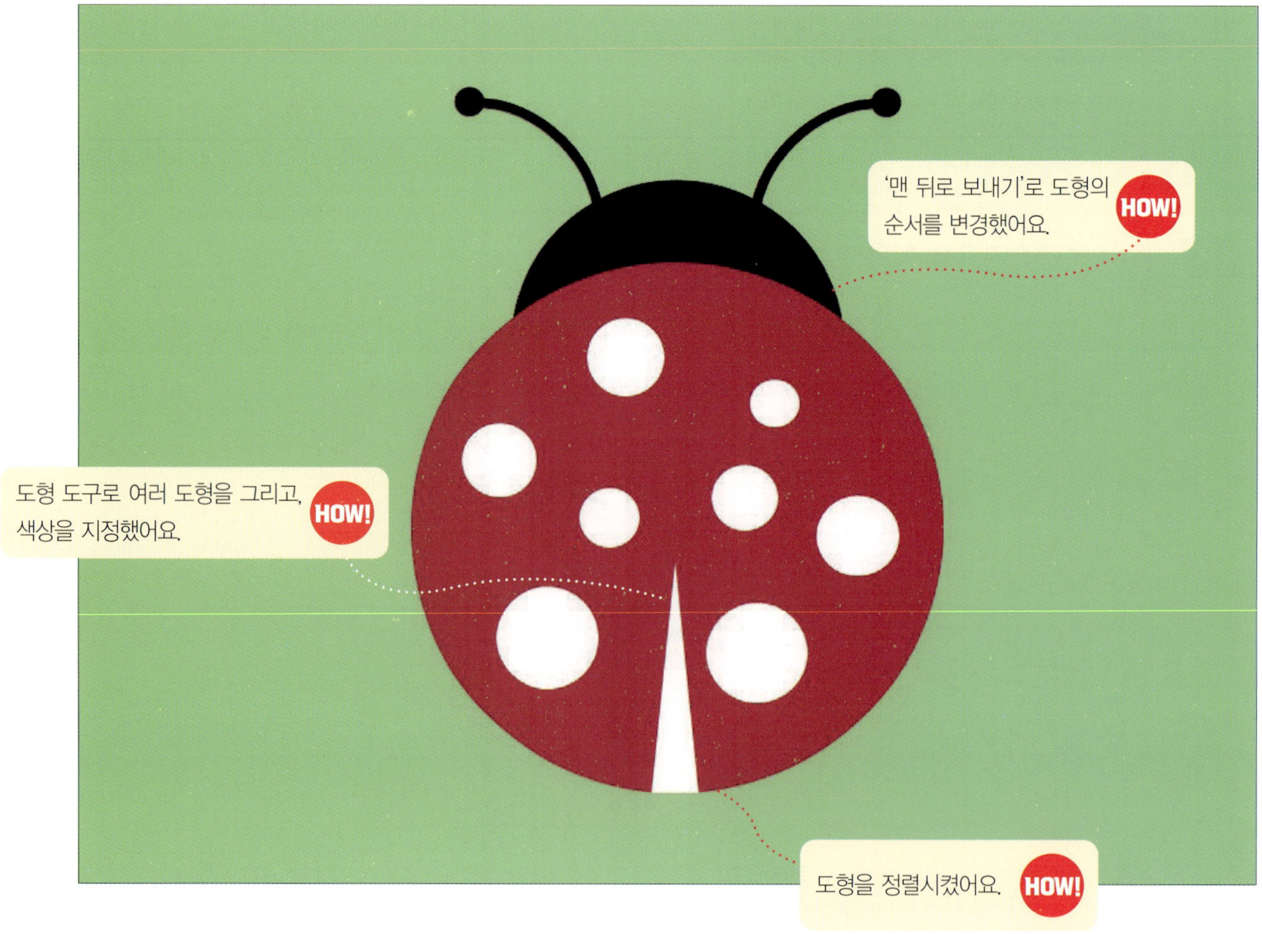

1 타원과 삼각형으로 무당벌레 몸 그리기

01 03 폴더에서 '무당벌레.pptx' 파일을 연 다음 〔삽입〕 탭에서 〔도형(🔲)〕을 클릭해요. 〔타원(○)〕을 클릭하고 Shift를 누른 상태로 드래그하여 정원을 그려요.

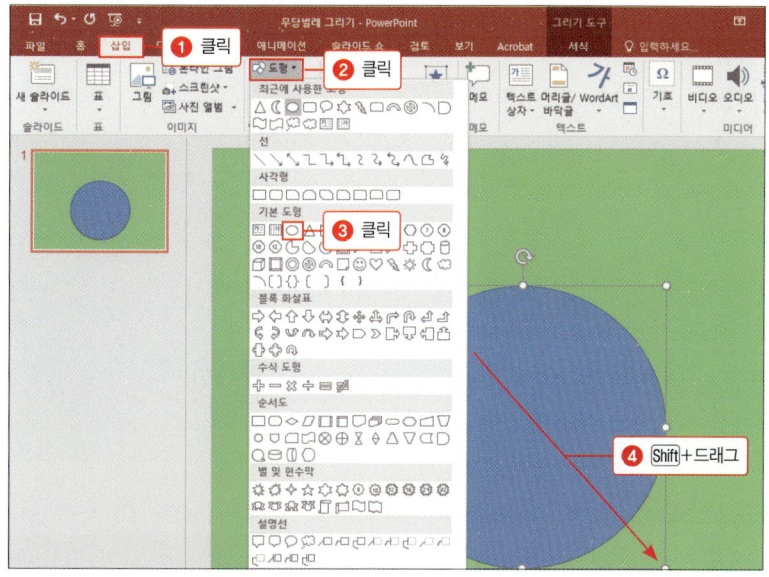

02 〔서식〕 탭에서 〔도형 채우기(🔲)〕를 클릭하여 색을 지정해요. • 색 : 진한 빨강

03 〔서식〕 탭에서 〔이등변 삼각형(△)〕을 클릭하고 드래그하여 그려요.

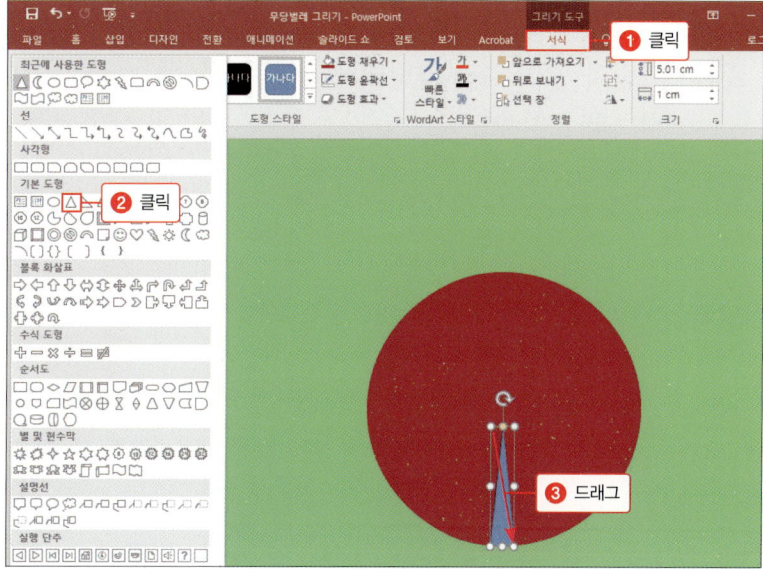

04 〔서식〕 탭에서 〔도형 채우기(🎨)〕를 클릭하여 색을 지정해요.
• 색 : 흰색, 배경 1

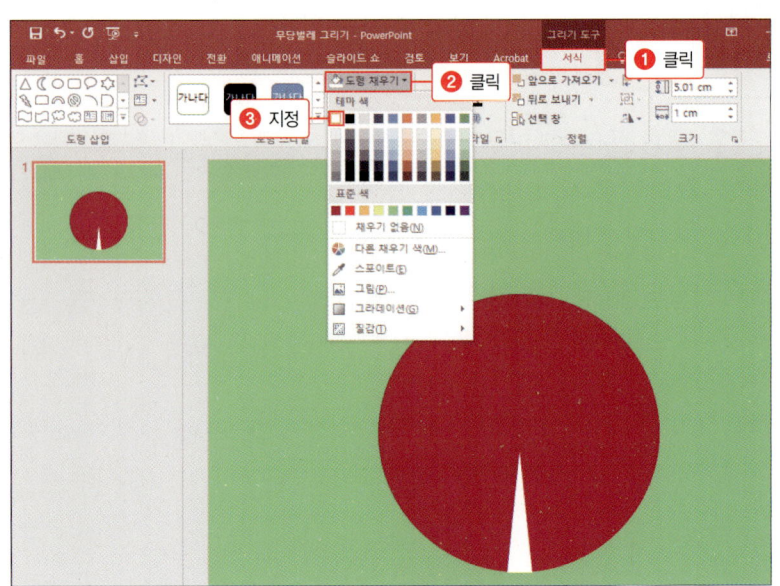

05 〔서식〕 탭에서 〔타원(◯)〕을 클릭하고 Shift를 누른 상태로 드래그하여 정원을 그려요. 〔도형 채우기(🎨)〕를 클릭하여 색을 지정해요.
• 색 : 흰색, 배경 1

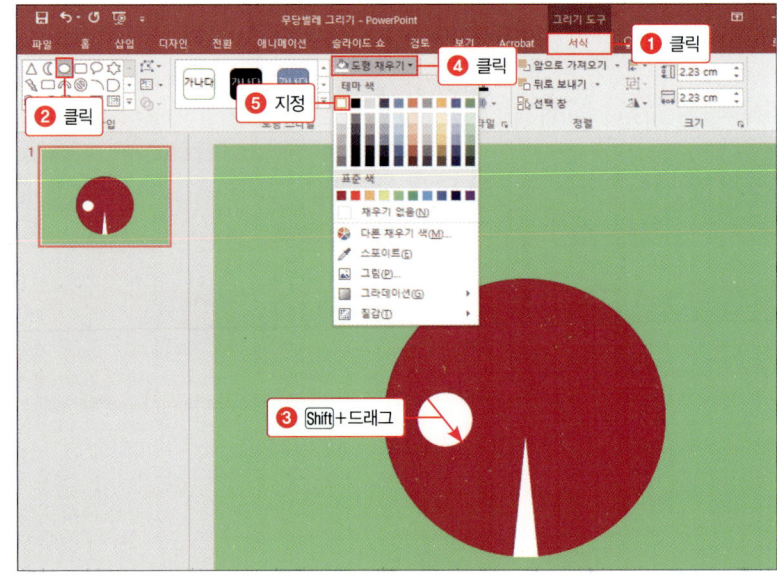

06 같은 방법으로 흰색 정원을 그림과 같이 그려 무당벌레 무늬를 표현해요.

04 〔도형 윤곽선(🖉)〕을 클릭하여 색과 두께를 지정해요.

• 윤곽선 색 : 검정, 텍스트 1 두께 : 6pt

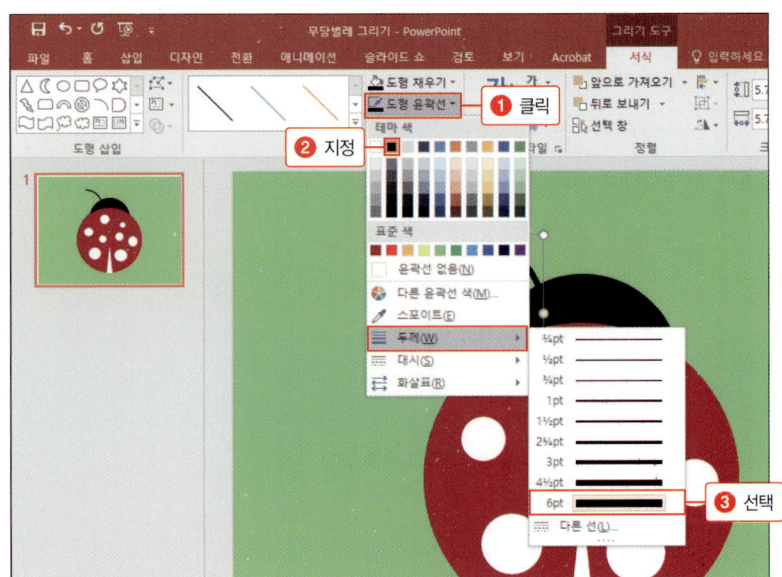

05 다시 〔도형 윤곽선(🖉)〕을 클릭하여 '화살표'에서 '다른 화살표'를 선택해요.

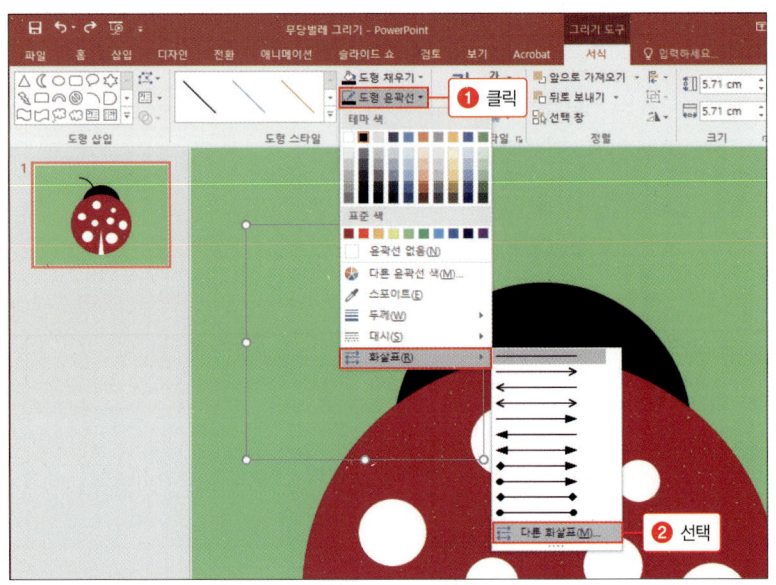

06 〔도형 서식〕 패널이 표시되면 화살표 머리 유형을 '타원 화살표'로 지정하여 더듬이를 만들어요.

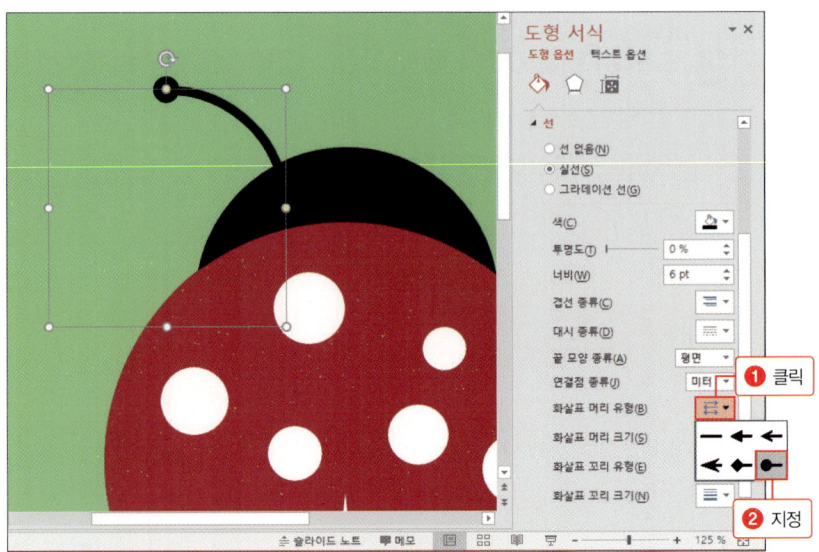

 **2** 무당벌레 머리, 더듬이 그려 정렬하기

01 〔서식〕 탭에서 〔타원(◯)〕을 클릭하고 Shift를 누른 상태로 드래그하여 정원을 그려요. 〔도형 채우기(🎨)〕를 클릭하여 색을 지정해요.

- 색 : 검정, 텍스트 1

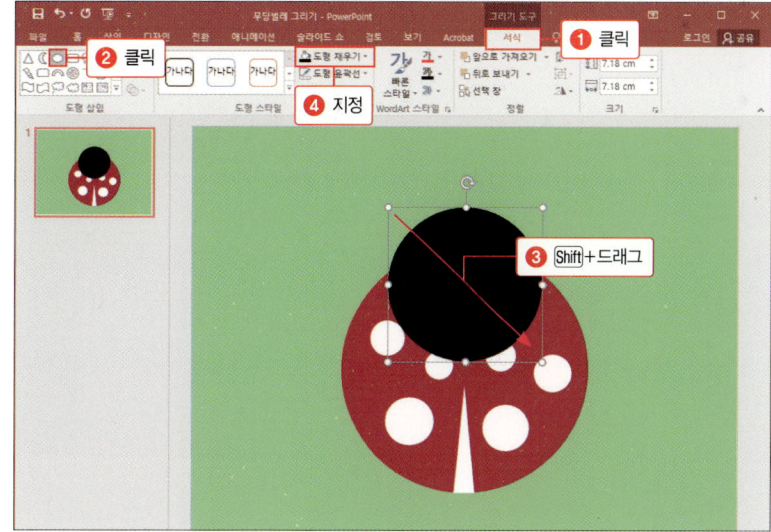

02 〔서식〕 탭에서 〔뒤로 보내기(🔲)〕를 클릭한 다음 '맨 뒤로 보내기'를 선택하면 검은색 정원이 맨 뒤로 이동돼요.

WHY? 도형의 순서를 자유롭게 변경하고 싶을 때 순서를 변경할 수 있어요.

03 〔서식〕 탭에서 〔원호(⌒)〕를 클릭한 다음 Shift를 누른 상태로 드래그하여 그려요.

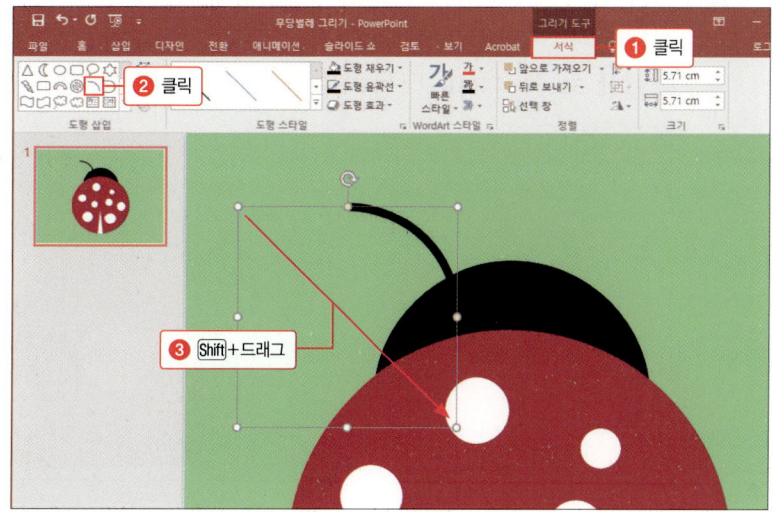

07 더듬이를 선택한 다음 Ctrl +C를 눌러 복사하고, Ctrl +V를 눌러 붙여 넣어요. [서식] 탭에서 [회전( )]을 클릭한 다음 '좌우 대칭'을 선택하면 복사한 더듬이가 좌우로 반전돼요.

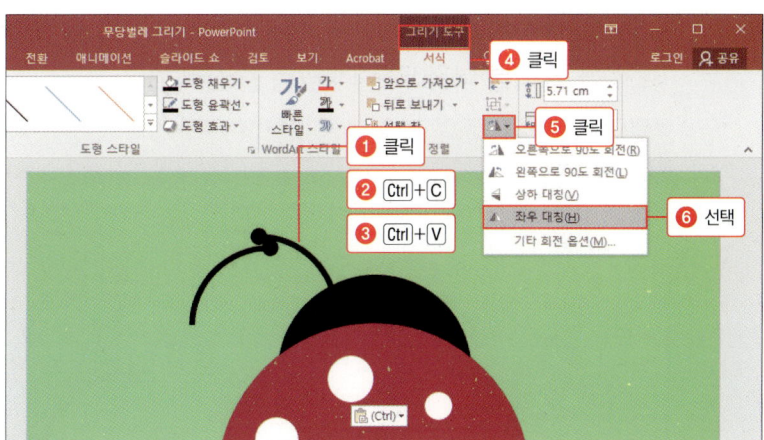

3 그룹으로 지정하고 전체 정렬하기

01 복사한 더듬이를 그림과 같이 이동하고, Shift를 누른 상태로 나머지 더듬이를 같이 선택해요. [서식] 탭에서 [맞춤( )]을 클릭한 다음 '중간 맞춤'을 선택하여 정렬해요.

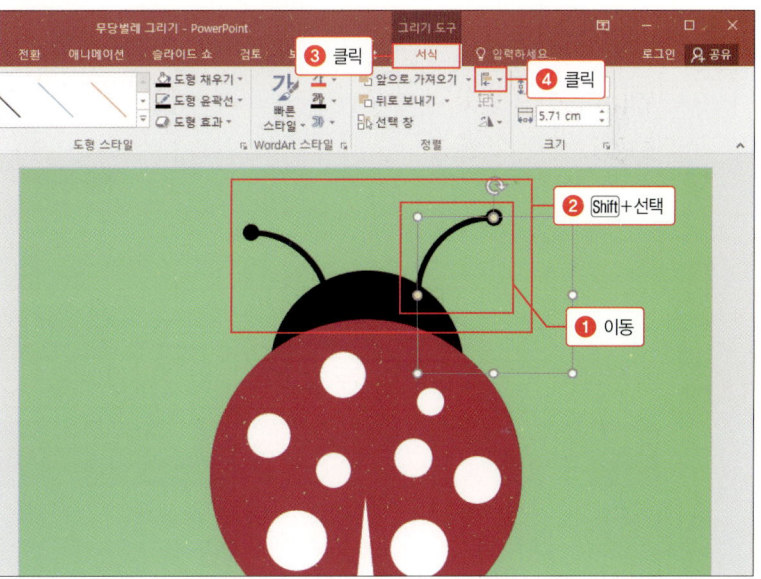

02 마우스 오른쪽 버튼을 클릭한 다음 '그룹화' → '그룹'을 선택하여 두 개의 더듬이를 그룹으로 지정해요.

WHY? 좌우 대칭을 정확하게 정렬하고 싶을 때 그룹해서 정렬하면 정확하고 빠르게 정렬할 수 있어요.

03 더듬이, 검은색 정원, 빨간색 정원, 흰색 이등변 삼각형을 모두 선택해요. 〔서식〕 탭에서 〔맞춤( )〕을 클릭한 다음 '가운데 맞춤'을 선택해요.

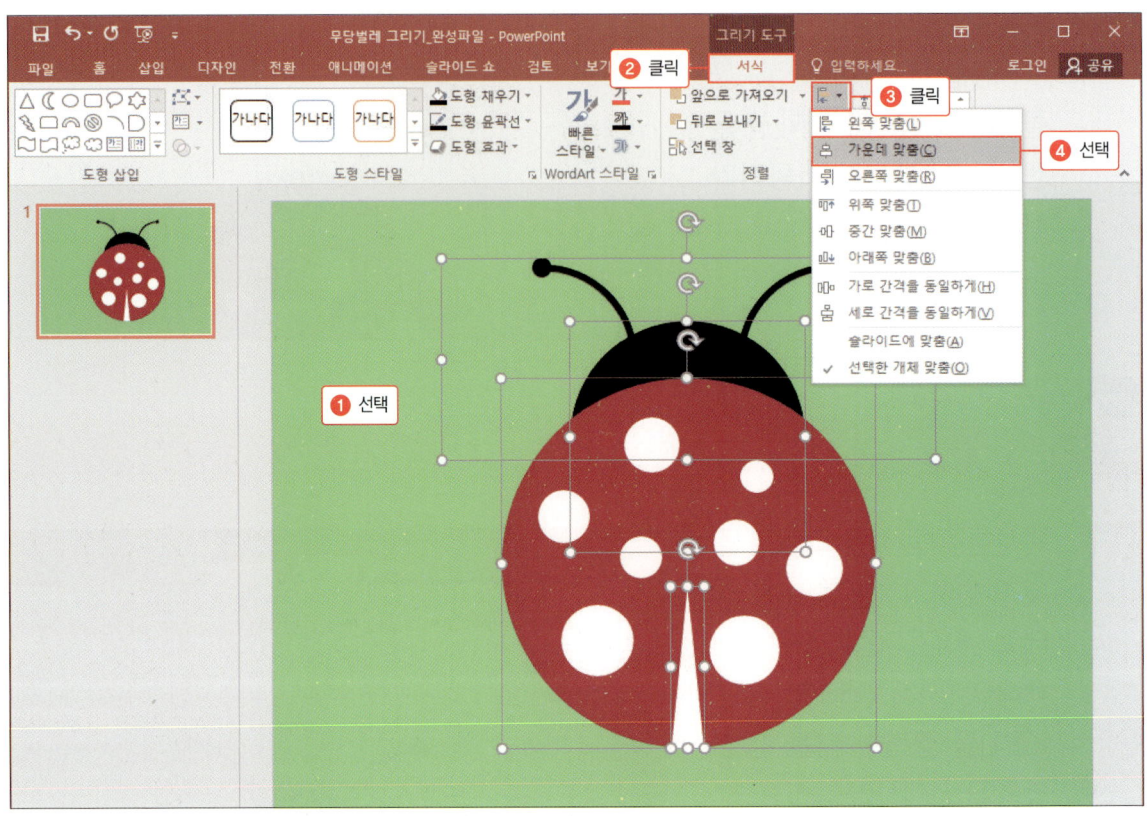

04 가운데에 맞게 정렬되며, 무당벌레가 완성되었어요.

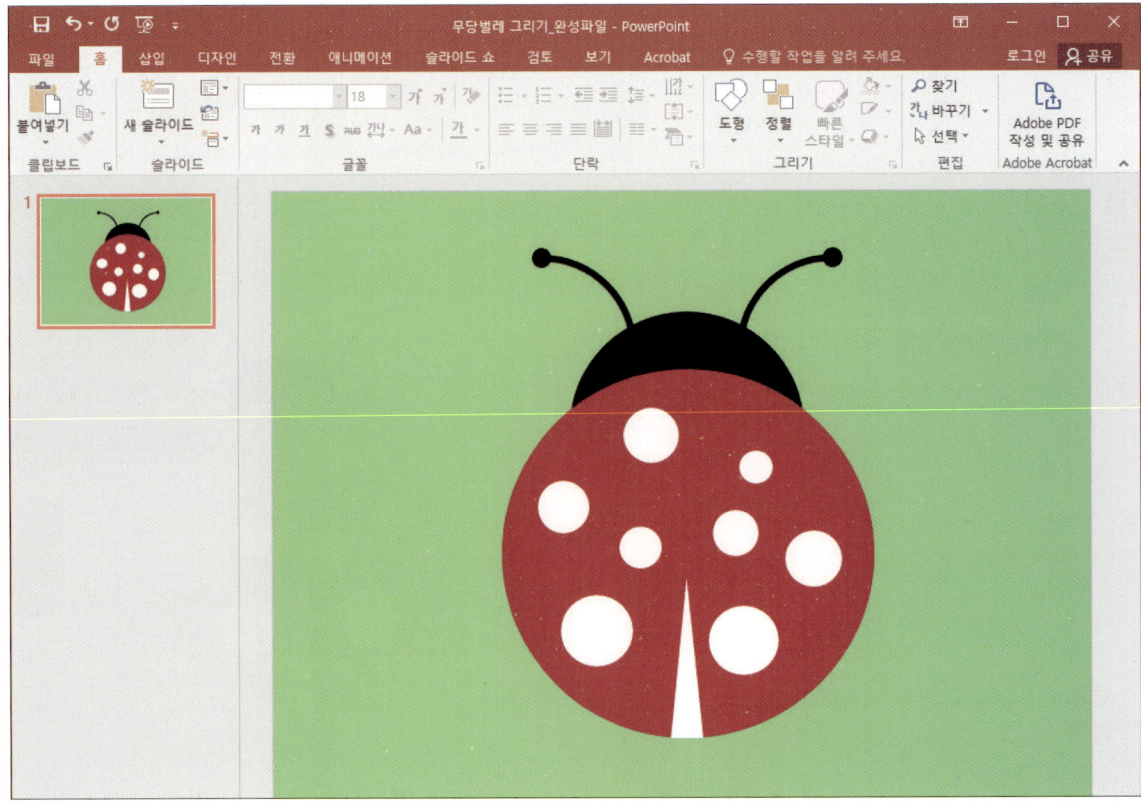

01 ▸ 도형 도구를 활용하여 외계인 캐릭터를 그려 보세요.

● 예제파일 : 03_외계인.pptx   ● 완성파일 : 03_외계인(완성).pptx

① 마우스 오른쪽 버튼을 클릭하여 도형의 순서를 변경해요.
② '원호'의 화살표꼬리유형을 '타원 화살표'로 변경해요.

03 · 도형을 정렬하여 무당벌레 스티커 만들기

04 글머리 기호로 자기소개서 만들기

수업

글자를 입력하고 글꼴과 색상을 변경한 다음 입력한 글자에 글머리 기호를 적용하여 나를 소개하는 자기소개서를 만들어 보세요.

- 글자를 입력해 보세요.
- 글꼴과 글꼴 크기, 글꼴 색을 변경해 보세요.
- 글자에 글머리 기호를 적용해 보세요.

● 예제파일 : 04_자기소개서.pptx   ● 완성파일 : 04_자기소개서(완성).pptx

글자를 입력하고 글꼴과 글꼴 크기, 글꼴 색을 변경했어요.

글머리 기호를 넣어 강조되어 보이도록 했어요.

 글자 입력하기

01 04 폴더에서 '자기소개서.pptx' 파일을 열어요. 1번 슬라이드를 선택하고 〔삽입〕 탭에서 〔텍스트 상자(🔠)〕를 클릭한 다음 '가로 텍스트 상자'를 선택해요. 슬라이드에 드래그하면 글자를 입력할 수 있는 상자가 표시돼요.

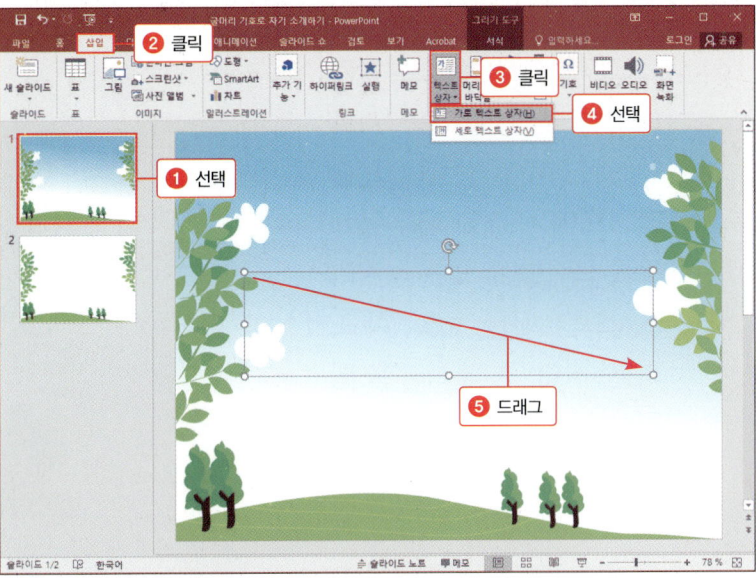

02 텍스트 상자에 '나를 소개해요.'를 입력해요.

03 〔홈〕 탭에서 글꼴과 글꼴 크기, 글꼴 색을 지정한 다음 〔가운데 맞춤(≡)〕을 클릭해요.

- **글꼴** : 나눔손글씨 펜   **글꼴 크기** : 96
  글꼴 색 : 녹색, 강조 6, 50% 더 어둡게

04 · 글머리 기호로 자기소개서 만들기 **27**

2 글머리 기호 적용하기

01 2번 슬라이드를 선택하고 〔삽입〕 탭에서 〔텍스트 상자〕를 클릭한 다음 '가로 텍스트 상자'를 선택해요. 슬라이드에 드래그하여 텍스트를 입력할 수 있는 상자가 표시되면 '이름, 생일, 학교, 학년, 취미, 장래 희망'을 입력해요.

02 〔홈〕 탭에서 글꼴과 글꼴 크기, 글꼴 색을 지정해요.

- **글꼴** : 나눔손글씨 펜 **글꼴 크기** : 48
  글꼴 색 : 녹색, 강조 6, 50% 더 어둡게

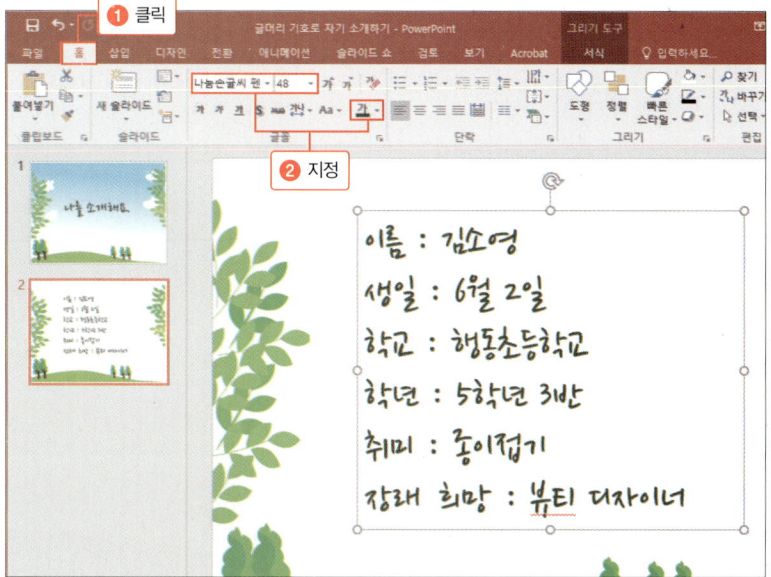

03 〔글머리 기호〕를 클릭한 다음 '대조표 글머리 기호'를 선택하여 자기소개서를 완성해요.

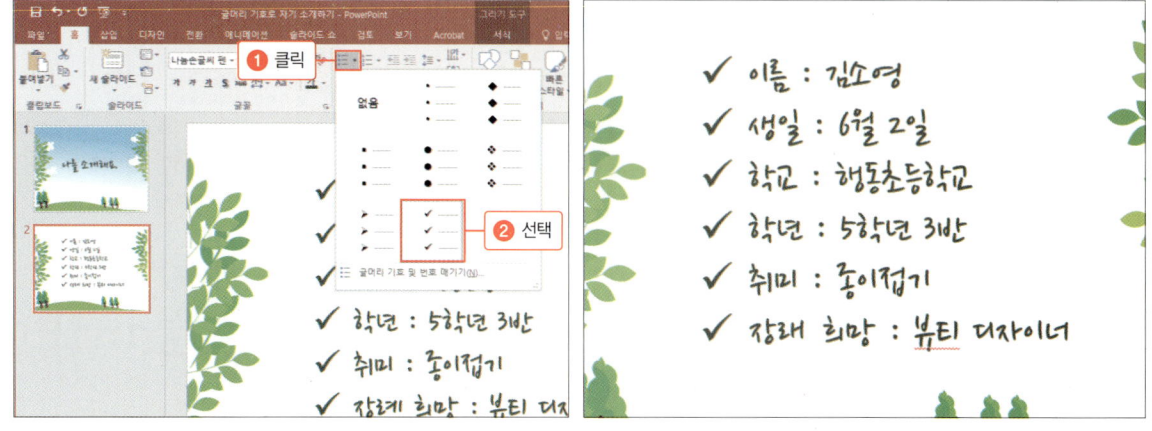

01 ▶ 내용에 글머리를 지정하고, 글꼴 크기를 변경해 보세요.

● 예제파일 : 04_횡단보도.pptx   ● 완성파일 : 04_횡단보도(완성).pptx

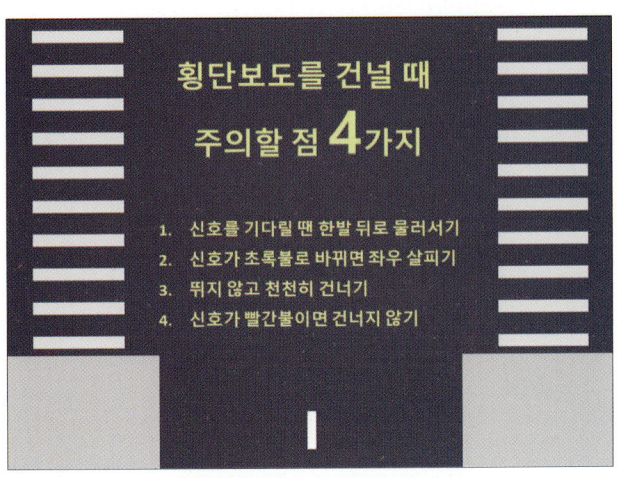

❶ 숫자 형태의 글머리 기호를 적용해요.
❷ '4' 글자만 글꼴 크기를 '72'로 변경해요.

02 ▶ 구구단을 입력하고, 글머리 기호를 지정해 보세요.

● 예제파일 : 04_구구단.pptx   ● 완성파일 : 04_구구단(완성).pptx

- 2 X 1 = 2
- 2 X 2 = 4
- 2 X 3 = 6
- 2 X 4 = 8
- 2 X 5 = 10
- 2 X 6 = 12
- 2 X 7 = 14
- 2 X 8 = 16
- 2 X 9 = 18

- 7 X 1 = 7
- 7 X 2 = 14
- 7 X 3 = 21
- 7 X 4 = 28
- 7 X 5 = 35
- 7 X 6 = 42
- 7 X 7 = 49
- 7 X 8 = 56
- 7 X 9 = 63

❶ 2단과 7단의 구구단을 입력해요.
❷ '속이 찬 둥근 글머리 기호'를 적용해요.

05 선을 이용하여 생일 카드 만들기

수업

친구에게 초대 받은 생일을 축하하기 위해 물결 도형과 파선을 추가하여 생일 축하 카드를 만들어 보세요.

학습목표
- 수평선을 그려 보세요.
- 실선을 파선으로 변경해 보세요.

● **예제파일** : 05_생일 카드.pptx ● **완성파일** : 05_생일 카드(완성).pptx

제목을 쓸 수 있도록 물결 도형을 그렸어요. **HOW!**

수평선을 그리고 파선으로 변경하여 편지글을 쓸 수 있도록 줄을 만들었어요. **HOW!**

1 파선 그리기

01 05 폴더에서 '생일 카드.pptx' 파일을 연 다음 [삽입] 탭에서 [도형(⬚)]을 클릭해요. [선(⬚)]을 클릭하고 Shift를 누른 상태로 드래그하여 수평선을 그려요.

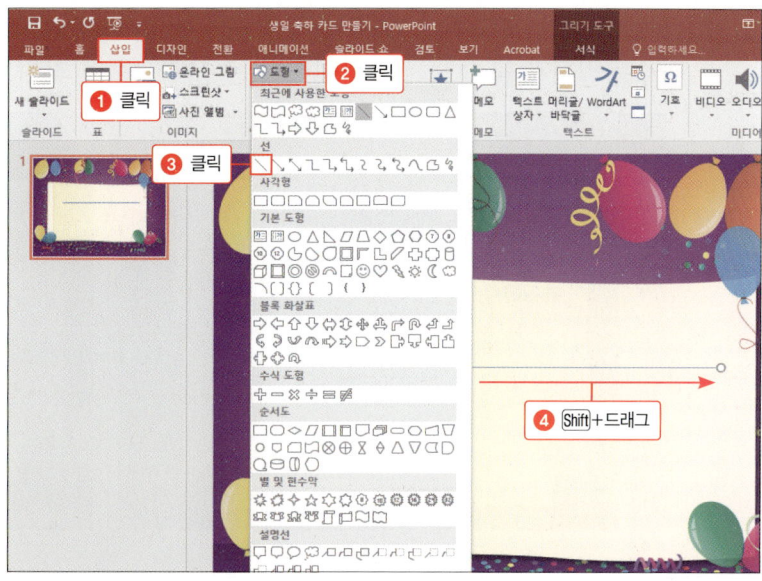

02 [서식] 탭에서 [도형 윤곽선(⬚)]을 클릭하여 색과 두께를 지정해요. 다시 [도형 윤곽선(⬚)]을 클릭하여 '대시'에서 '파선'을 선택해요.

• 윤곽선 색 : 자주   두께 : 1 ½pt

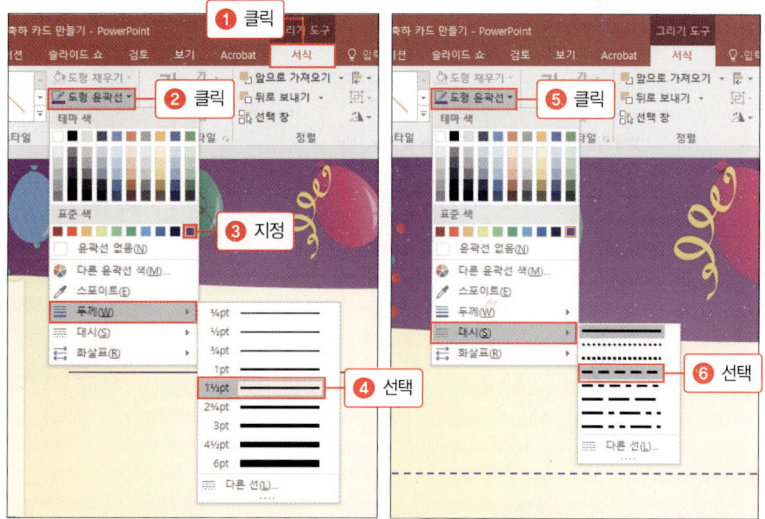

03 파선을 선택한 다음 Ctrl+C를 눌러 복사하고, Ctrl+V를 4번 눌러 붙여 넣어요. 그림과 같이 파선을 배치해요.

 ## 2 파선 간격과 길이 배치하기

01 Shift를 누른 상태로 파선을 모두 선택해요. 〔서식〕 탭에서 〔맞춤( )〕을 클릭한 다음 '세로 간격을 동일하게'를 선택하면 파선이 같은 간격으로 맞춰져요.

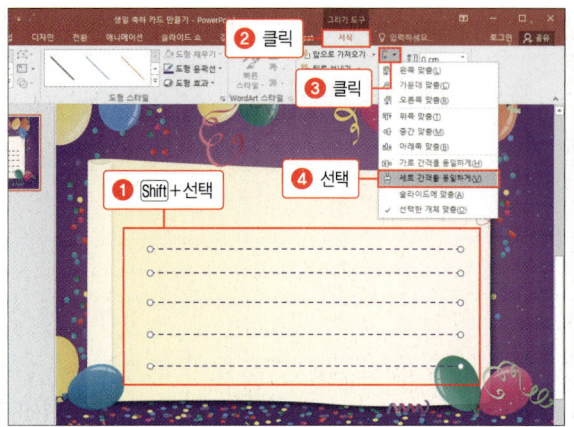 

02 가장 아래에 위치한 파선을 선택한 다음 Shift를 누른 상태로 오른쪽 변형점을 왼쪽으로 드래그하여 길이를 조절해요.

 ## 3 물결 도형 그리기

01 〔서식〕 탭에서 〔물결( )〕을 클릭한 다음 드래그하여 그려요. 〔도형 채우기( )〕와 〔도형 윤곽선( )〕을 클릭하여 색을 지정하여 생일 카드를 완성해요.   • **색** : 자주 **윤곽선 색** : 윤곽선 없음

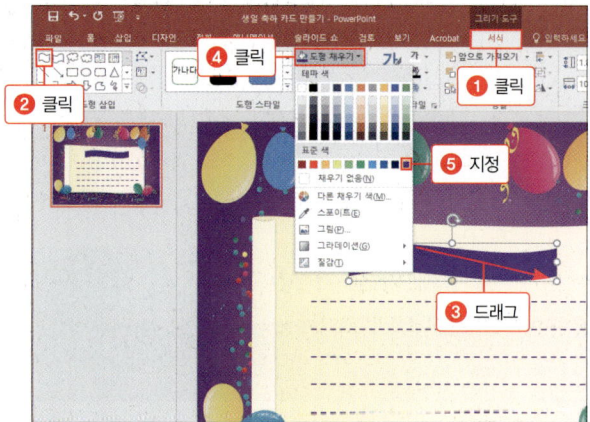 

01 ▶ 나만의 일러스트레이션 공책을 만들어 보세요.

● 예제파일 : 05_공책.pptx   ● 완성파일 : 05_공책(완성).pptx

① 일러스트레이션을 축소해서 배치해요.
② [모서리가 둥근 직사각형]과 [모서리가 접힌 도형]을 사용해요.
③ [선]을 그리고 파선으로 변형하여 정렬해요.

06 표와 개체를 이용하여 용돈 기입장 만들기

부모님께 받은 용돈을 어디에 사용하고 무엇을 구매했는지 알아보고, 용돈 사용을 기록할 수 있는 용돈 기입장을 만들어 보세요.

- 표를 그려 보세요.
- 표 스타일을 변경하고 크기를 조절해 보세요.
- 표에 글자를 입력해 보세요.

● **예제파일** : 06_용돈 기입장.pptx, 고양이.png   ● **완성파일** : 06_용돈 기입장(완성).pptx

캐릭터 이미지를 삽입하고 배치했어요. **HOW!**

표를 그리고, 표 스타일을 변경했어요. **HOW!**

표에 글자를 입력했어요. **HOW!**

1 표 그리고 스타일 지정하기

01 06 폴더에서 '용돈 기입장.pptx' 파일을 연 다음 [삽입] 탭에서 [표(▦)]를 클릭해요. 커서를 '5×8' 위치로 가져가 클릭하여 표를 그려요.

WHY? [표]를 선택하고 가로/세로 칸만 설정하면 표를 빠르게 그릴 수 있어요.

02 [디자인] 탭에서 [자세히(▼)]를 클릭하고 '스타일 없음, 표 눈금'을 선택해요.

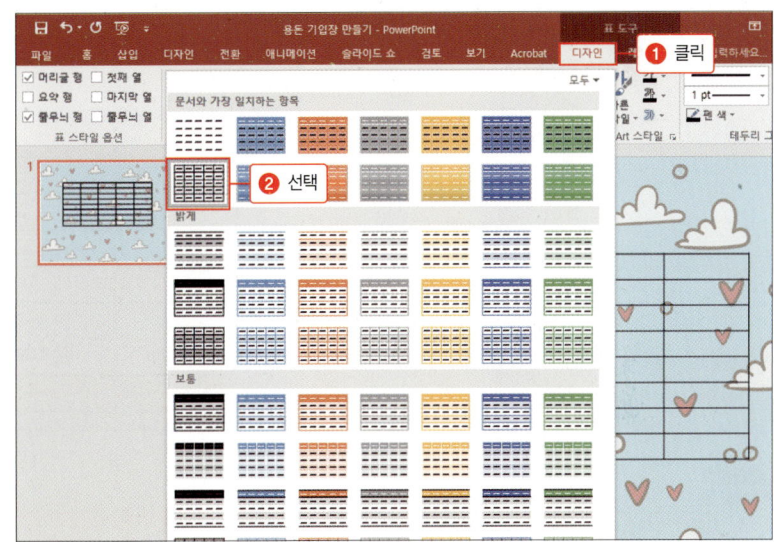

03 [디자인] 탭에서 [음영(▨)]을 클릭한 다음 '흰색, 배경 1'로 지정해요.

06 · 표와 개체를 이용하여 용돈 기입장 만들기 **35**

04 첫 번째 줄의 첫 번째 셀에서 오른쪽으로 드래그하여 셀을 선택해요. 〔디자인〕 탭에서 〔음영( )〕을 클릭하여 색을 지정해요.

• 색 : 황금색, 강조 4, 40% 더 밝게

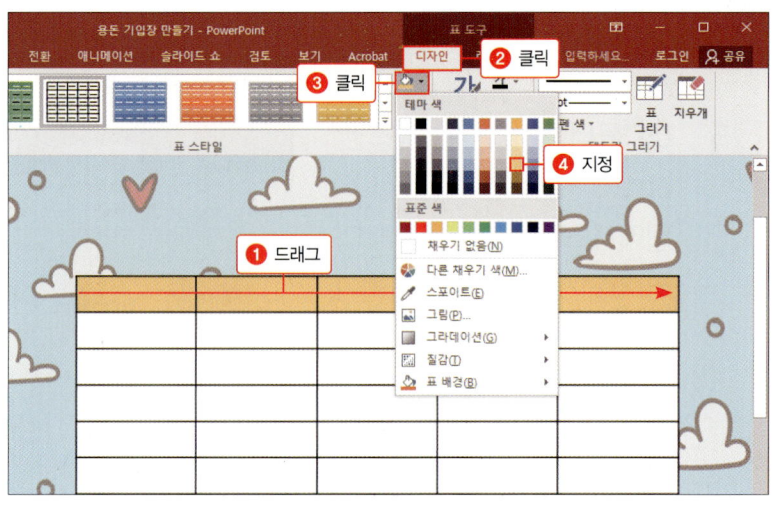

05 마지막 줄의 첫 번째 셀에서 오른쪽으로 드래그하여 셀을 선택해요. 〔디자인〕 탭에서 〔음영( )〕을 클릭하여 색을 지정해요.

• 색 : 황금색, 강조 4, 40% 더 밝게

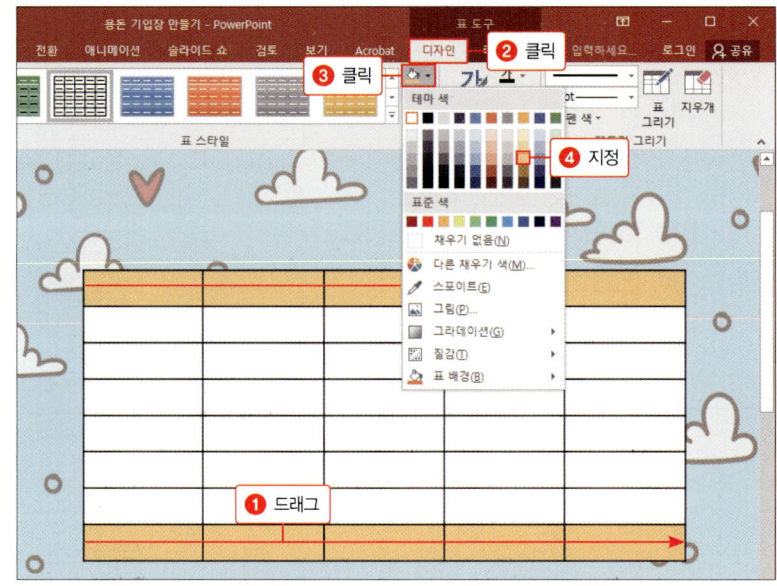

 표를 보기 좋게 구분할 때 색상을 적용할 수 있어요.

2 글자 입력하고 표 크기 조절하기

01 첫 번째 줄의 첫 번째 셀에서 대각선으로 드래그하여 표 전체를 선택해요. 〔홈〕 탭에서 〔가운데 맞춤( )〕을 클릭하고, 글꼴과 글꼴 크기, 글꼴 색을 지정해요.

• 글꼴 : 나눔손글씨 펜
  글꼴 크기 : 24
  글꼴 색 : 황금색, 강조4, 50% 더 어둡게

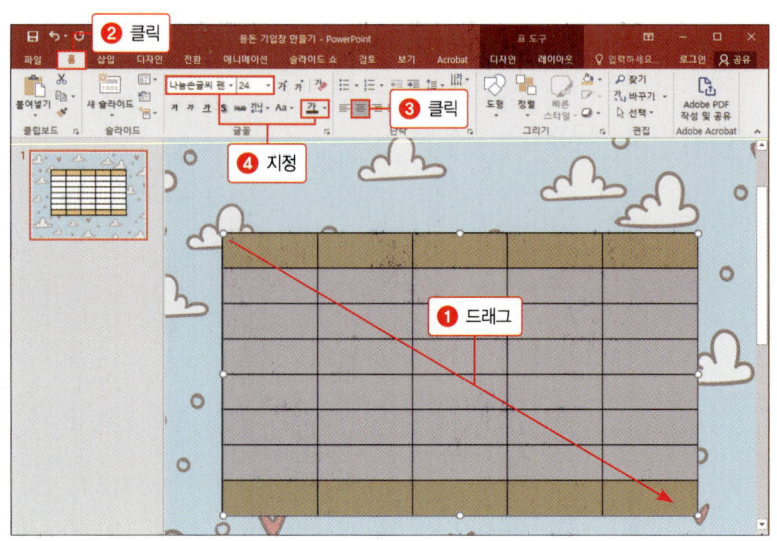

02 Tab을 누르면서 셀을 이동하여 그림과 같이 글자를 입력해요.

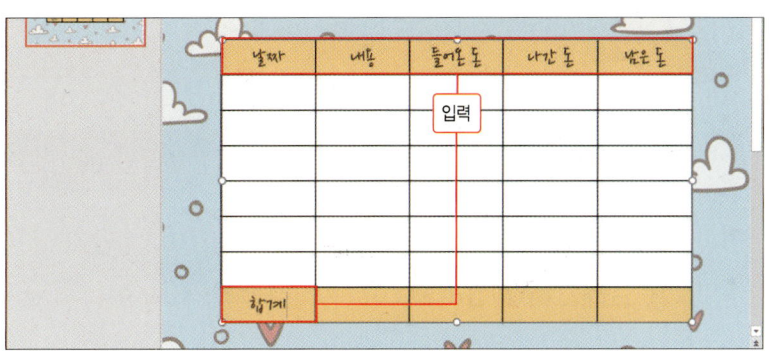

03 표의 변형점을 드래그하여 표의 가로와 세로 길이를 넓게 변경해요. 첫 번째 줄과 두 번째 줄 사이로 커서를 가져가 커서 형태가 변경되면, 왼쪽으로 드래그하여 넓게 변경해요.

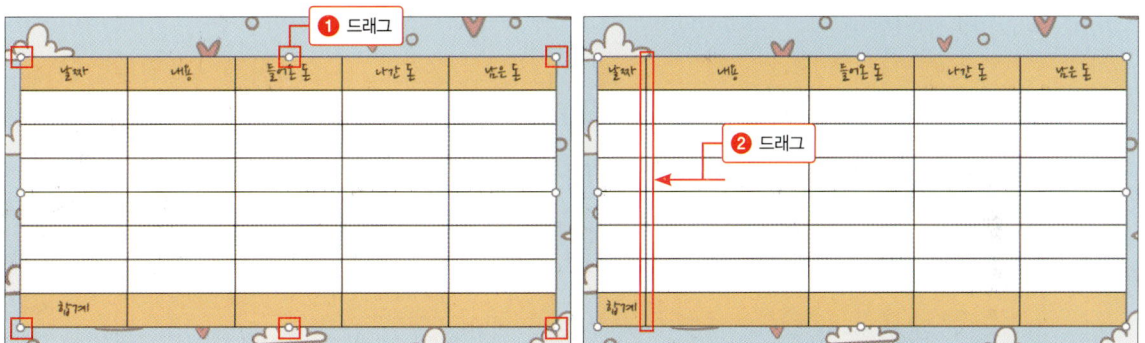

 이미지 삽입하고 배치하기

01 〔삽입〕 탭에서 〔그림( )〕을 클릭하여 〔그림 삽입〕 대화상자가 표시되면 05 폴더에서 '고양이.png' 파일을 선택한 다음 〔삽입〕을 클릭하여 고양이 이미지를 삽입해요.
회전점으로 커서를 가져가 드래그하여 회전한 다음 그림과 같이 배치해요. 〔서식〕 탭에서 〔뒤로 보내기( )〕를 클릭하여 고양이 이미지를 표 뒤로 이동해요.

 **4 제목 만들기**

01 〔삽입〕 탭에서 〔도형(⬚)〕을 클릭해요. 〔모서리가 둥근 직사각형(▢)〕을 클릭한 다음 드래그하여 그려요.

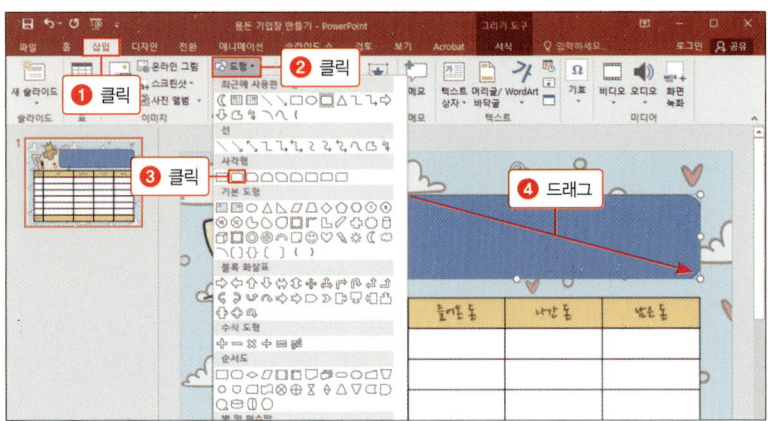

02 〔서식〕 탭에서 〔도형 채우기(⬚)〕와 〔도형 윤곽선(⬚)〕을 클릭하여 색을 지정해요. 〔뒤로 보내기(⬚)〕를 클릭한 다음 '맨 뒤로 보내기'를 선택해요. • **색** : 파랑, 강조 5, 40% 더 밝게 **윤곽선 색** : 윤곽선 없음

03 〔서식〕 탭에서 〔텍스트 상자(⬚)〕를 클릭한 다음 둥근 직사각형을 클릭해요. '용돈 기입장'을 입력하여 완성해요.

01 ▶ 초등학생 희망 직업 순위 표를 만들어 보세요.

● 예제파일 : 06_직업.pptx   ● 완성파일 : 06_직업(완성).pptx

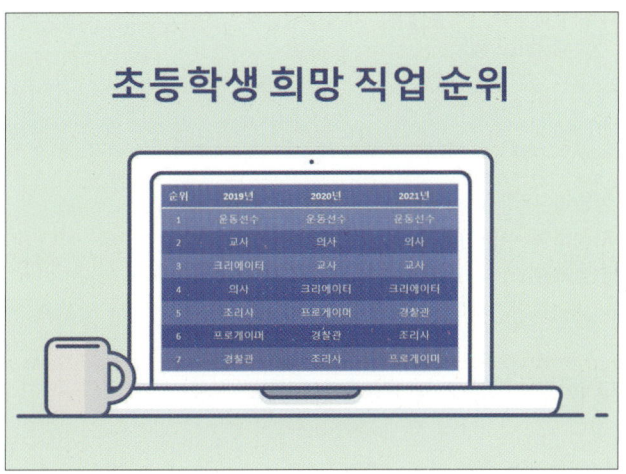

① '4×8' 표를 만들고, '테마 스타일 2 – 강조 5'로 표 스타일을 변경해요.
② 표에 글자를 입력하고, [가운데 맞춤]으로 설정해요.

02 ▶ 우리 반 친구들 혈액형별 학생 수를 표로 만들어 보세요.

● 예제파일 : 06_혈액형.pptx   ● 완성파일 : 06_혈액형(완성).pptx

① 각각 표를 만들고, '보통 스타일 2 – 강조 4'로 표 스타일을 변경해요.
② 표 스타일 옵션을 변경하고, 표에 글자를 입력해요.

07 수업 · 원과 선으로 여름 방학 계획표 만들기

시간을 계획해서 알차고 즐거운 여름 방학을 보낼 수 있도록 원과 선을 이용하여 여름 방학 계획표를 만들어 보세요.

학습목표
- 도형 도구로 정원과 수직 및 수평선을 그려 보세요.
- 회전 각도를 지정하여 수평선을 회전해 보세요.
- 글자를 입력해 보세요.

● 예제파일 : 07_여름 방학 계획표.pptx   ● 완성파일 : 07_여름 방학 계획표(완성).pptx

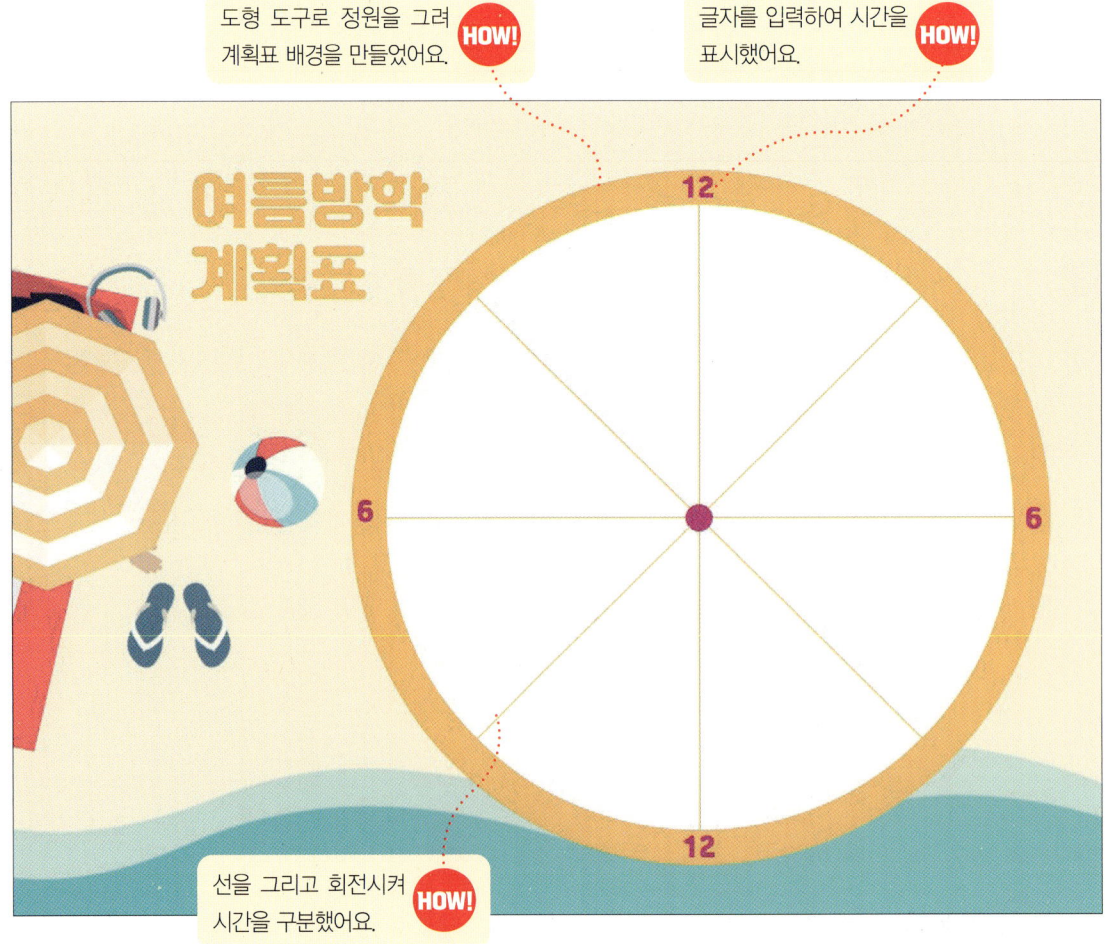

- 도형 도구로 정원을 그려 계획표 배경을 만들었어요. **HOW!**
- 글자를 입력하여 시간을 표시했어요. **HOW!**
- 선을 그리고 회전시켜 시간을 구분했어요. **HOW!**

1 원 복사하고 배치하기

01 07 폴더에서 '여름 방학 계획표.pptx' 파일을 연 다음 〔삽입〕 탭에서 〔도형(⬚)〕을 클릭해요. 〔타원(◯)〕을 클릭하고 Shift 를 누른 상태로 드래그하여 정원을 그려요.

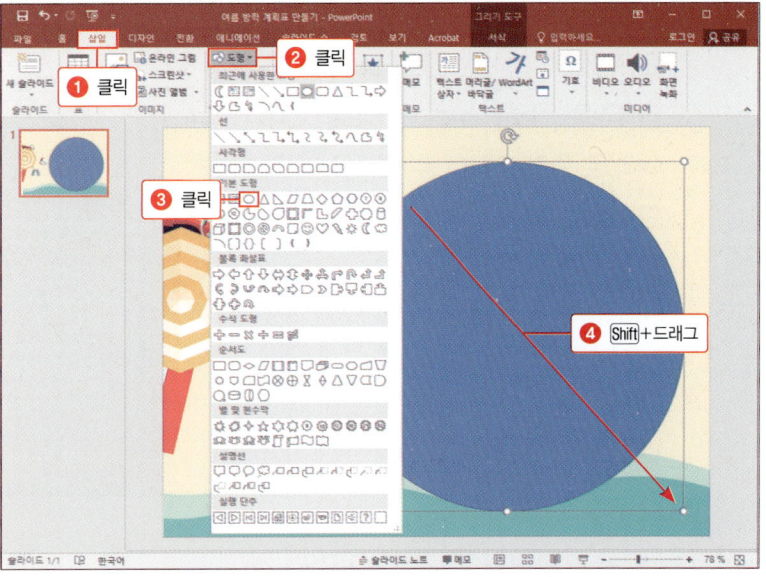

02 〔서식〕 탭에서 〔도형 채우기(⬚)〕와 〔도형 윤곽선(⬚)〕을 클릭하여 색을 지정해요.
• 색 : 주황   윤곽선 색 : 윤곽선 없음

03 정원을 선택한 다음 Ctrl + C 를 눌러 복사하고, Ctrl + V 를 눌러 붙여 넣어요. 〔서식〕 탭에서 〔도형 채우기(⬚)〕를 클릭하여 색을 지정해요. Shift 를 누른 상태로 변형점으로 드래그하여 정원을 축소하고, 그림과 같이 배치해요.   • 색 : 흰색, 배경 1

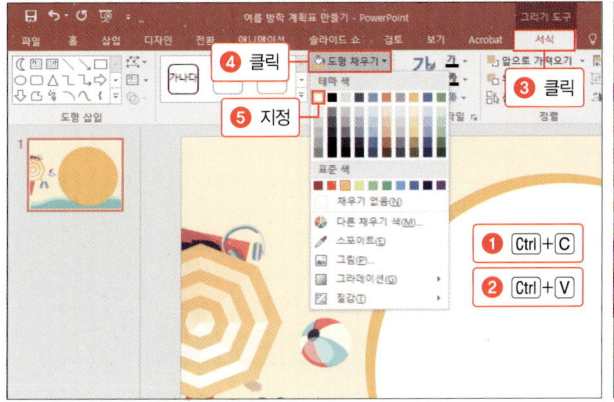
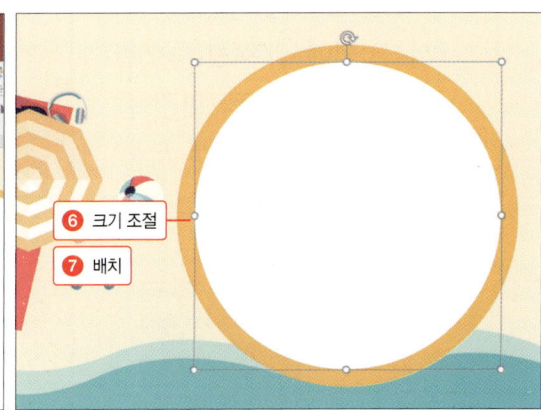

07 • 원과 선으로 여름 방학 계획표 만들기   **41**

2 선 복사하고 회전하기

01 〔삽입〕 탭에서 〔도형( )〕을 클릭해요. 〔선( )〕을 클릭한 다음 Shift를 누른 상태로 아래로 드래그하여 수직선을 그려요.

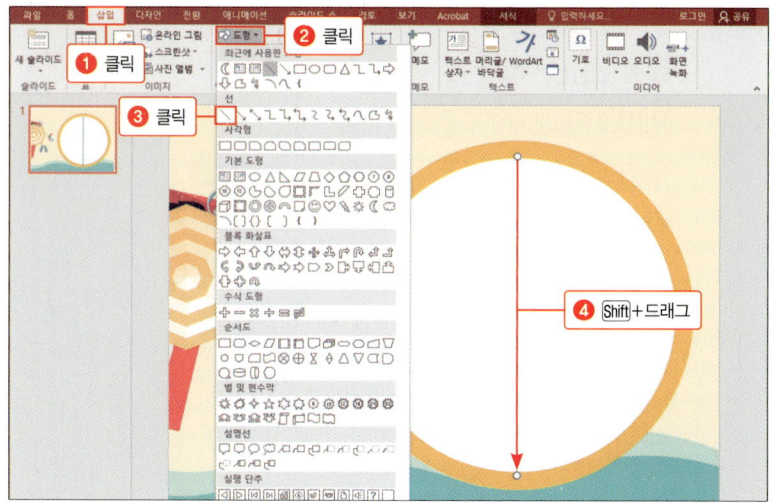

02 〔서식〕 탭에서 〔도형 윤곽선( )〕을 클릭하여 색과 두께를 지정해요. 선을 선택한 다음 Ctrl+C를 눌러 복사하고, Ctrl+V를 눌러 붙여 넣어요. 〔회전( )〕을 클릭한 다음 '오른쪽으로 90도 회전'을 선택하면 수직선이 회전되어 수평선으로 변경돼요.　•색: 주황　두께: 1 1/2pt

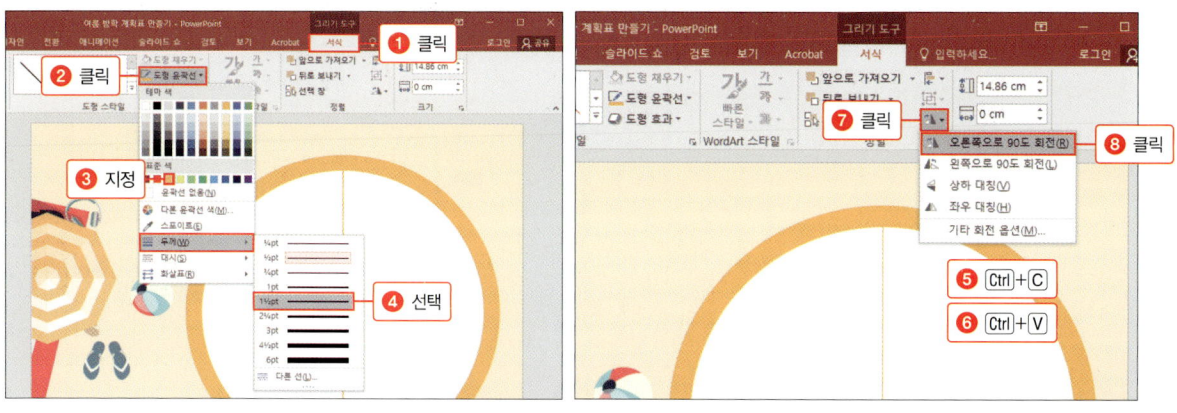

03 수평선을 선택한 다음 Ctrl+C를 눌러 복사하고, Ctrl+V를 눌러 붙여 넣어요. 〔서식〕 탭에서 〔회전( )〕을 클릭한 다음 '기타 회전 옵션'을 선택해요. 〔도형 서식〕 패널이 표시되면 회전을 '45°'로 지정해요.

04 다시 수평선을 복사한 다음 〔도형 서식〕 패널에서 회전을 '-45°'로 지정하고, 〔닫기(☒)〕를 클릭하여 패널을 닫아요.

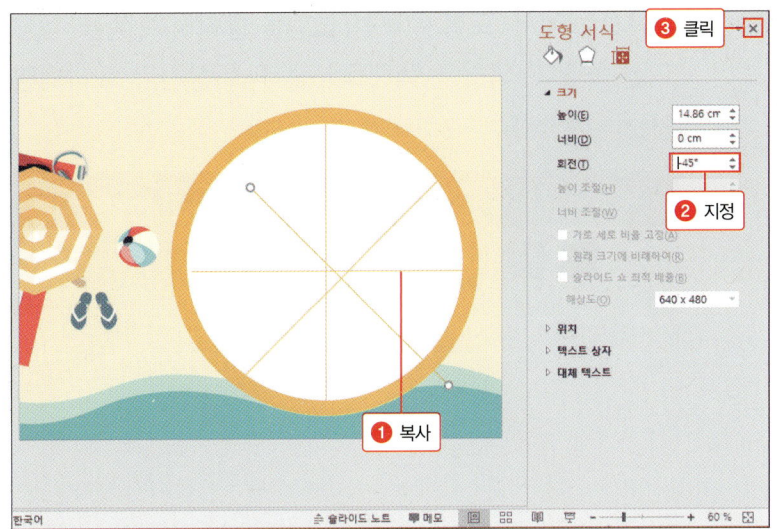

05 주황색 정원, 흰색 정원, 주황색 선을 모두 선택해요. 〔서식〕 탭에서 〔맞춤(📐)〕을 클릭한 다음 '가운데 맞춤'과 '중간 맞춤'을 선택하면 선택한 모든 개체가 정렬돼요.

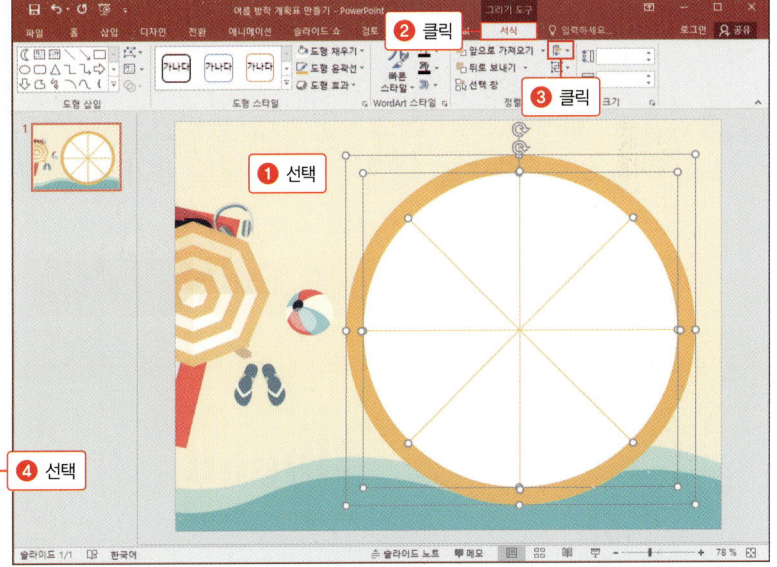

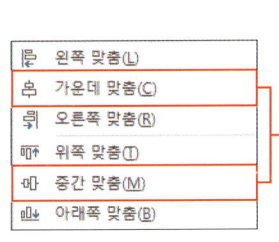

3 원 그리고 글자 입력하기

01 〔삽입〕 탭에서 〔도형()〕을 클릭해요. 〔타원(◯)〕을 클릭하고 Shift 를 누른 상태로 드래그하여 정원을 그린 다음 그림과 같이 배치해요.

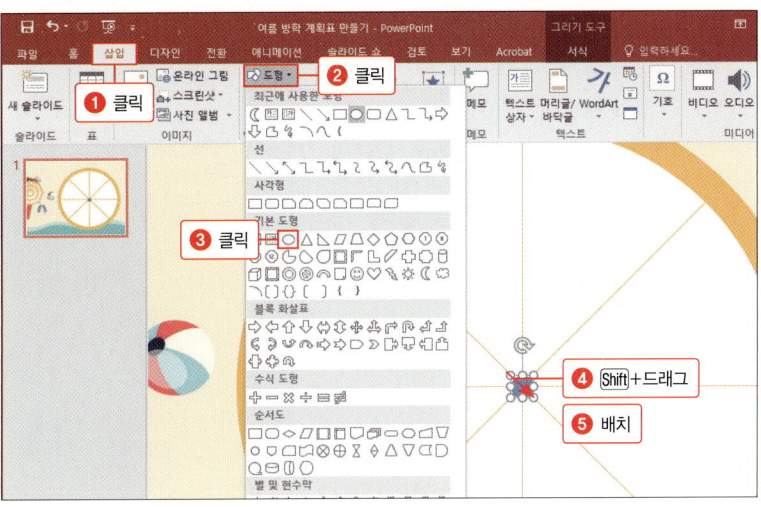

02 〔서식〕 탭에서 〔도형 윤곽선(⬜)〕을 클릭하여 색을 지정해요. 〔도형 채우기(⬜)〕를 클릭한 다음 '다른 채우기 색'을 선택해요. 〔색〕 대화상자가 표시되면 〔표준〕 탭에서 '분홍색'을 지정하고 〔확인〕을 클릭해요. • 윤곽선 색 : 윤곽선 없음

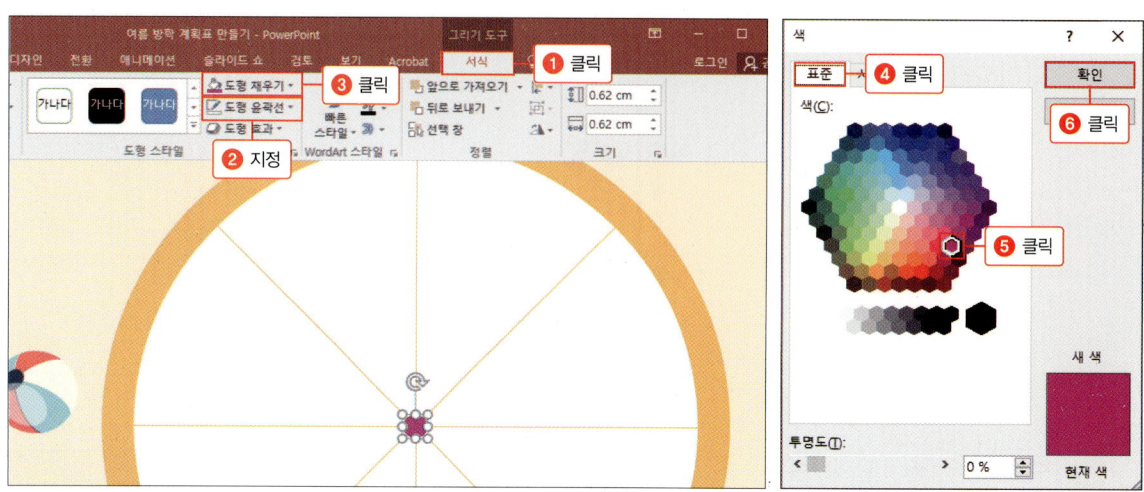

03 〔삽입〕 탭에서 〔텍스트 상자(⬜)〕를 클릭한 다음 '가로 텍스트 상자'를 선택하고 드래그하여 '12'를 입력해요. 〔홈〕 탭에서 글꼴과 글꼴 크기, 글꼴 색을 지정해요. 다시 '12'와 '6'을 입력하여 그림과 같이 배치해요. • 글꼴 : 여기어때 잘난체 글꼴 크기 : 18 글꼴 색 : 분홍

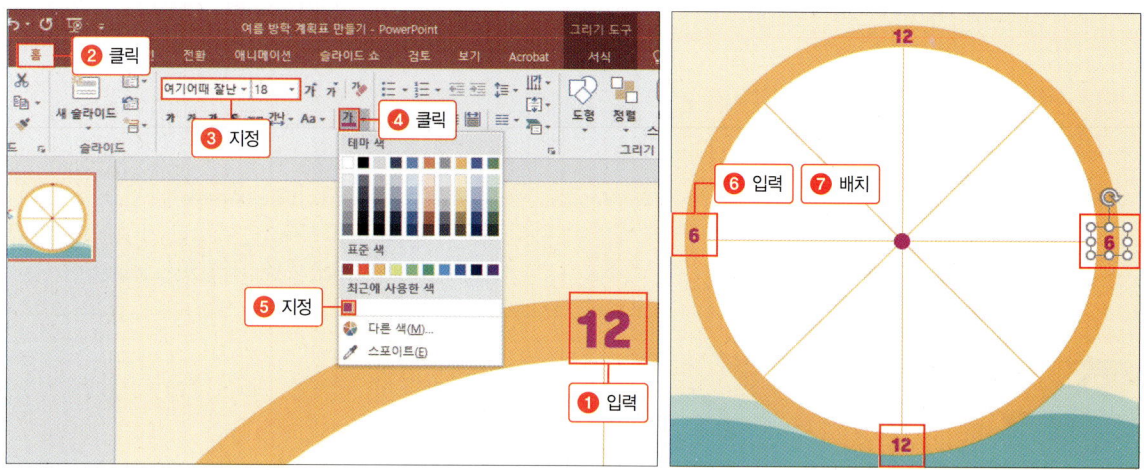

04 '여름방학 계획표'를 입력해요. 〔홈〕 탭에서 글꼴과 글꼴 크기, 글꼴 색을 지정한 다음 그림과 같이 배치하면 여름 방학 계획표가 완성돼요.

• 글꼴 : 여기어때 잘난체
  글꼴 크기 : 40 글꼴 색 : 주황

01 ▶ 시계를 완성해 보세요.

● 예제파일 : 07_시계.pptx   ● 완성파일 : 07_시계(완성).pptx

① 〔선〕을 그리고 정렬해요.
② 〔사다리꼴〕로 시침, 분침, 〔직사각형〕으로 초침을 그리고 회전해요.
③ 숫자를 입력하여 시간을 표시해요.

08 원 번호 복사하여 칭찬 스티커 판 만들기

수업

여러분이 칭찬 받을 수 있는 일은 어떤 것이 있는지 생각해 보세요. 칠판을 그리고 원 번호를 복사하여 나만의 칭찬 스티커 판을 만든 다음 칭찬 스티커를 붙여 보세요.

 **학습목표**
- 도형을 그리고 도형의 면과 선 색상을 변경해 보세요.
- 원에 글자를 입력하고 복사한 다음 정렬해 보세요.

● **예제파일** : 08_칭찬 스티커 판.pptx, 펭귄.png ● **완성파일** : 08_칭찬 스티커 판(완성).pptx

캐릭터 이미지를 삽입하여 글자와 알맞게 배치했어요.

사각형을 활용하여 칠판 형태의 배경을 그렸어요.

그림자 효과를 적용하여 입체적으로 보이게 했어요.

원에 번호를 입력한 다음 복사하고, 정렬하여 스티커 부착 위치를 표시했어요.

 **1 사각형으로 칠판 그리기**

01 08 폴더에서 '칭찬 스티커 판.pptx' 파일을 연 다음 〔삽입〕 탭에서 〔도형〕을 클릭해요. 〔직사각형〕을 클릭하고 드래그하여 그려요.

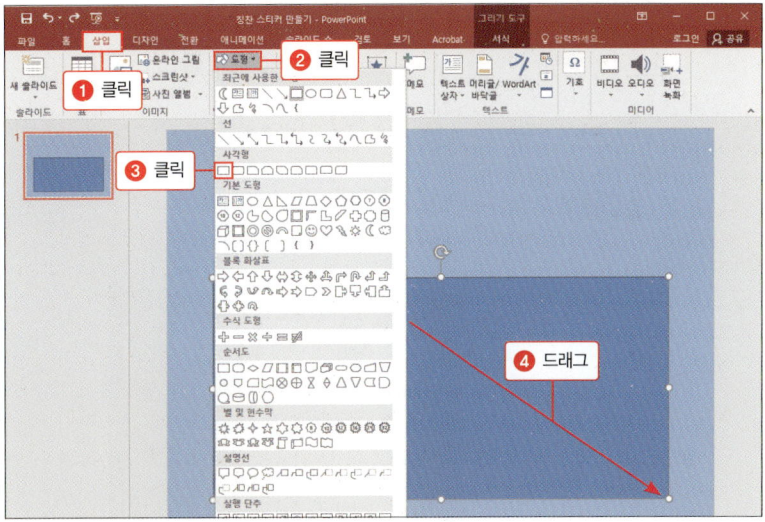

02 〔서식〕 탭에서 〔도형 채우기〕와 〔도형 윤곽선〕을 클릭하여 색을 지정해요. 다시 〔도형 윤곽선〕을 클릭하여 '두께'에서 '다른 선'을 선택하여 〔도형 서식〕 패널이 표시되면 너비를 '16pt'로 지정해요.

- **색** : 녹색, 강조6, 25% 더 어둡게
  윤곽선 색 : 황금색, 강조 4, 50% 더 어둡게

 **2 원 번호 만들기**

01 〔서식〕 탭에서 〔타원〕을 클릭하고 Shift를 누른 상태로 드래그하여 정원을 그려요. 〔도형 채우기〕와 〔도형 윤곽선〕을 클릭하여 색을 지정해요.

- **색** : 흰색, 배경 1   **윤곽선 색** : 윤곽선 없음

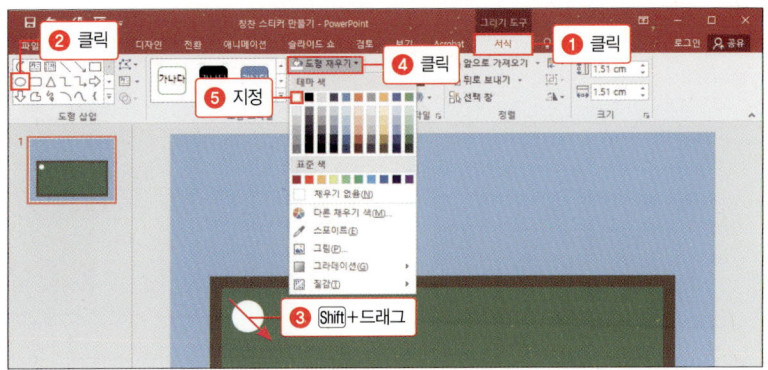

08 · 원 번호 복사하여 칭찬 스티커 판 만들기   **47**

02 〔삽입〕 탭에서 〔텍스트 상자()〕를 클릭한 다음 '가로 텍스트 상자'를 선택하고 정원을 클릭하여 '1'을 입력해요. 〔홈〕 탭에서 〔가운데 맞춤()〕을 클릭한 다음 글꼴과 글꼴 크기, 글꼴 색을 지정해요. • **글꼴** : 나눔손글씨 펜 **글꼴 크기** : 20 **글꼴 색** : 녹색, 강조 6, 50% 더 어둡게

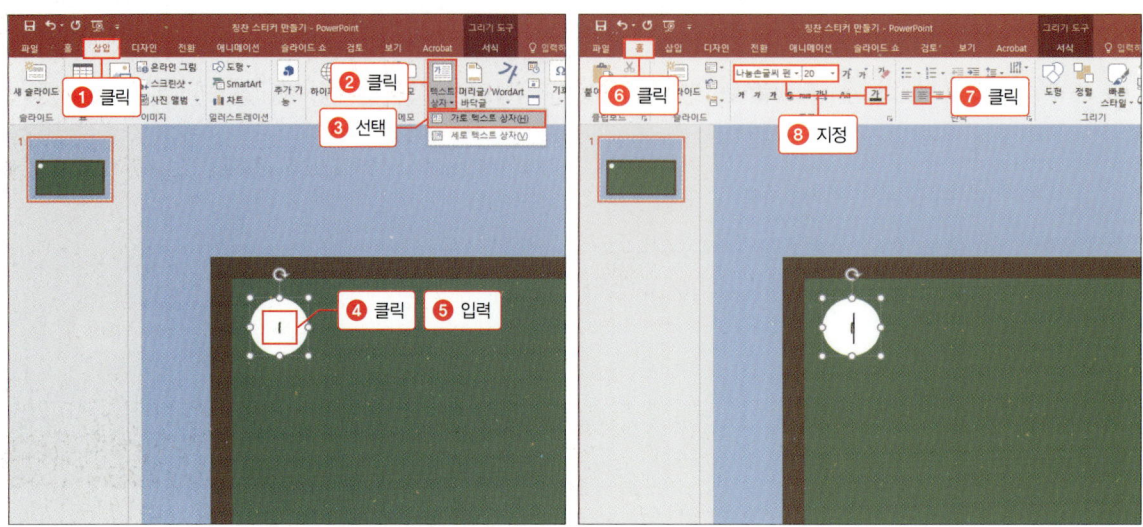

3 원 번호 복사하기

01 정원을 선택한 다음 Ctrl+C를 눌러 복사하고, Ctrl+V를 눌러 붙여 넣어요. 숫자는 그림과 같이 수정해요.

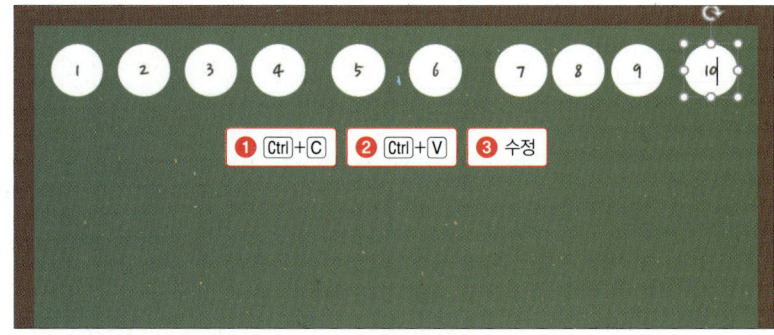

02 정원을 모두 선택하고, 〔홈〕 탭에서 〔정렬〕을 클릭한 다음 '맞춤'에서 '가로 간격을 동일하게'를 선택해요.

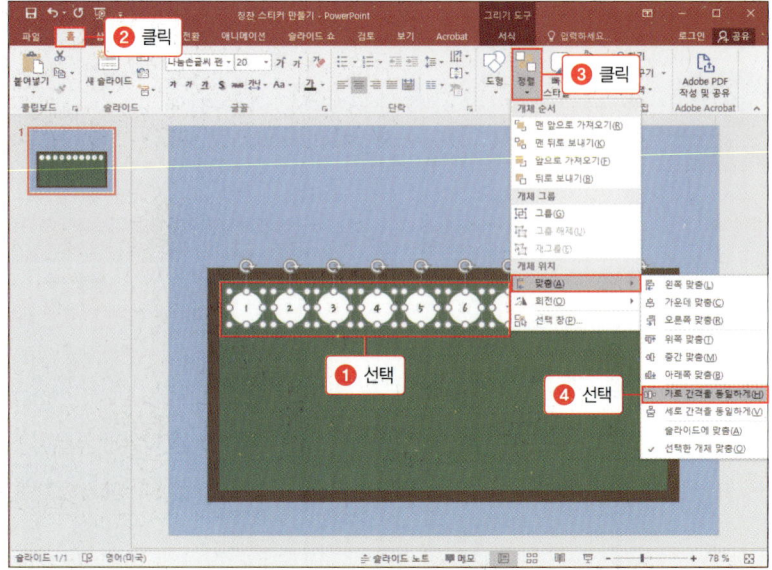

03 정원을 모두 선택한 다음 다시 Ctrl+C를 눌러 복사하고, Ctrl+V를 눌러 그림과 같이 붙여 넣어요. 복사한 정원의 숫자를 그림과 같이 수정해요.

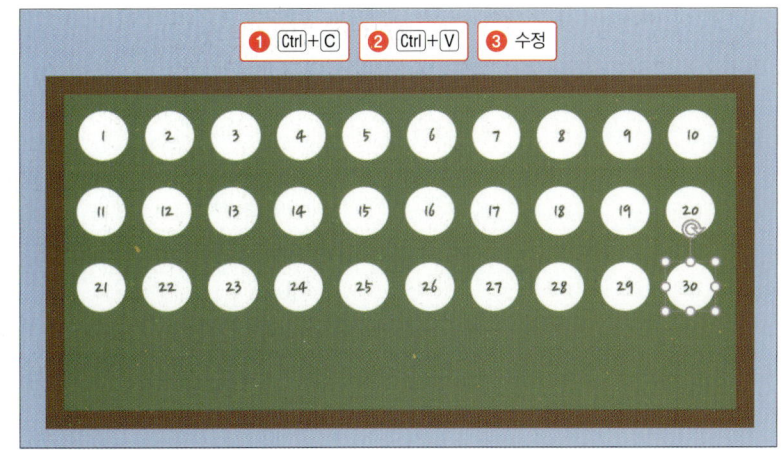

04 〔삽입〕 탭에서 〔그림( )〕을 클릭하여 〔그림 삽입〕 대화 상자가 표시되면 08 폴더에서 '펭귄.png' 파일을 선택한 다음 〔삽입〕을 클릭하면 펭귄 이미지가 삽입돼요. 펭귄 이미지를 그림과 같이 칠판 위에 배치해요.

 4 글자 입력하고 그림자 적용하기

01 〔삽입〕 탭에서 〔텍스트 상자( )〕를 클릭한 다음 '가로 텍스트 상자'를 선택하고 드래그하여 '칭찬 스티커'를 입력해요. 〔홈〕 탭에서 글꼴과 글꼴 크기, 글꼴 색을 지정하고, 그림과 같이 배치해요.

· 글꼴 : 여기어때 잘난체
  글꼴 크기 : 72
  글꼴 색 : 녹색, 강조 6, 50% 더 어둡게

02 칠판에 '참 잘했어요~'를 입력한 다음 〔홈〕 탭에서 글꼴과 글꼴 크기, 글꼴 색을 지정해요.

- 글꼴 : 여기어때 잘난체
  글꼴 크기 : 48
  글꼴 색 : 흰색, 배경 1

03 〔홈〕 탭에서 〔텍스트 맞춤〕을 클릭한 다음 '기타 옵션'을 선택해요. 〔도형 서식〕 패널이 표시되면 위쪽 여백을 '6.6cm'로 지정해요.

04 〔도형 서식〕 패널에서 〔도형 옵션〕을 클릭하고, 〔효과〕를 클릭한 다음 '그림자'를 선택해요. 미리 설정을 '안쪽 대각선 왼쪽 위'로 선택하고, 흐리게를 '25pt', 간격을 '15pt'로 지정하여 칭찬 스티커를 완성해요.

01 ▸ 칭찬 스티커 판에 부착할 펭귄 스티커를 만들어 보세요.

● **예제파일** : 08_펭귄 스티커.pptx   ● **완성파일** : 08_펭귄 스티커(완성).pptx

① [도형 편집] → '점 편집'을 선택하여 펭귄 코를 그려요.
② 도형에 '선형' 그라데이션을 적용해요.

09 아이콘을 이용하여 게임 카드 만들기

수업

둥근 사각형을 그려 카드 형태를 만든 다음 아이콘을 복사하고 배치하여 신나고 즐겁게 게임할 수 있는 나만의 외계인 게임 카드를 만들어 보세요.

- 도형 도구로 둥근 사각형을 그려 보세요.
- 아이콘을 배치하고 도형에 다양한 색상을 적용해 보세요.

● 예제파일 : 09_게임 카드.pptx   ● 완성파일 : 09_게임 카드(완성).pptx

둥근 사각형을 변형하여 게임 카드 형태를 만들었어요.

카드 배경에 여러 색상을 적용했어요.

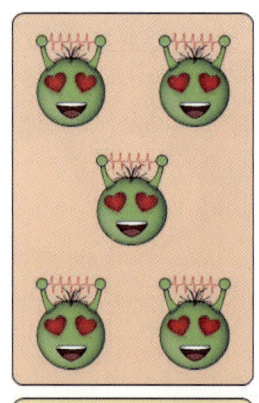

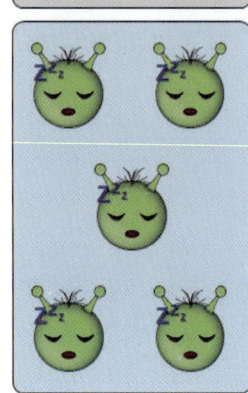
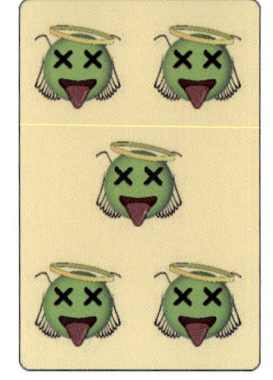

외계인 아이콘을 복사하여 배치했어요.

1 둥근 사각형 그리기

01 09 폴더에서 '게임 카드.pptx' 파일을 연 다음 〔삽입〕 탭에서 〔도형( )〕을 클릭해요. 〔모서리가 둥근 직사각형( )〕을 클릭하고 드래그하여 그려요. 〔서식〕 탭에서 도형 높이를 '8.7cm', 도형 너비를 '5.6cm'로 지정해요.

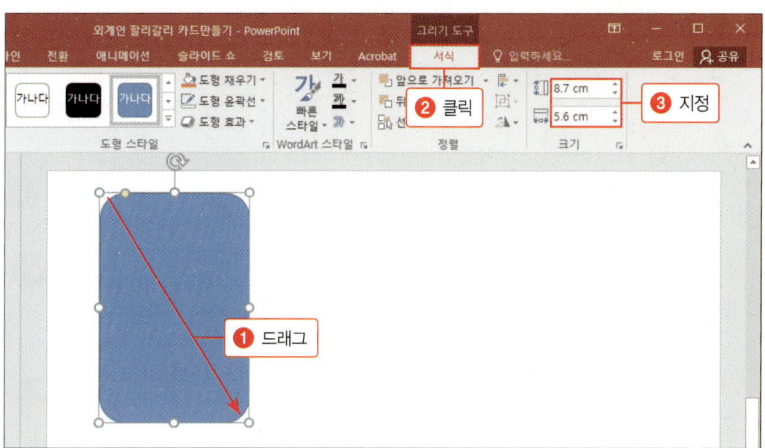

02 둥근 사각형의 노란색 변형점을 드래그하여 둥근 모양을 그림과 같이 변경해요. 〔서식〕 탭에서 〔도형 채우기( )〕와 〔도형 윤곽선( )〕을 클릭하여 색과 두께를 지정해요.

- **색** : 채우기 없음
  윤곽선 색 : 검정, 텍스트 1
  두께 : ½pt

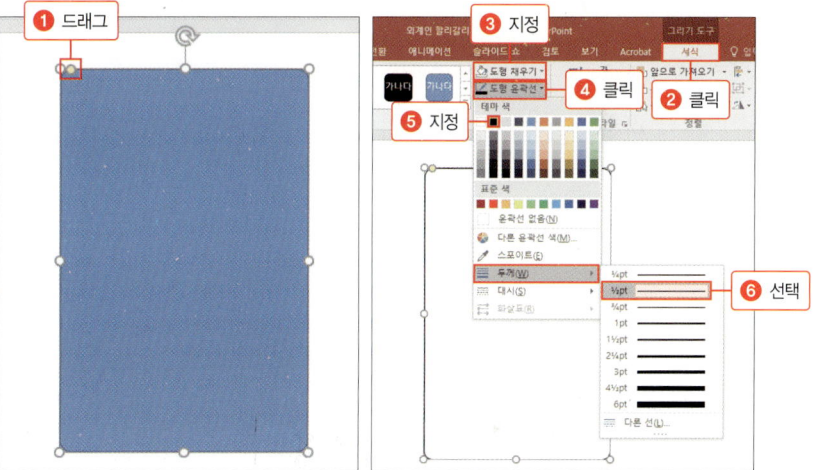

2 아이콘 복사하여 배치하기

01 오른쪽 하단에 원하는 외계인 아이콘을 1개 선택하고 Ctrl+C를 눌러 복사한 다음 Ctrl+V를 눌러 붙여 넣어요. 총 5개를 복사하여 그림과 같이 배치해요.

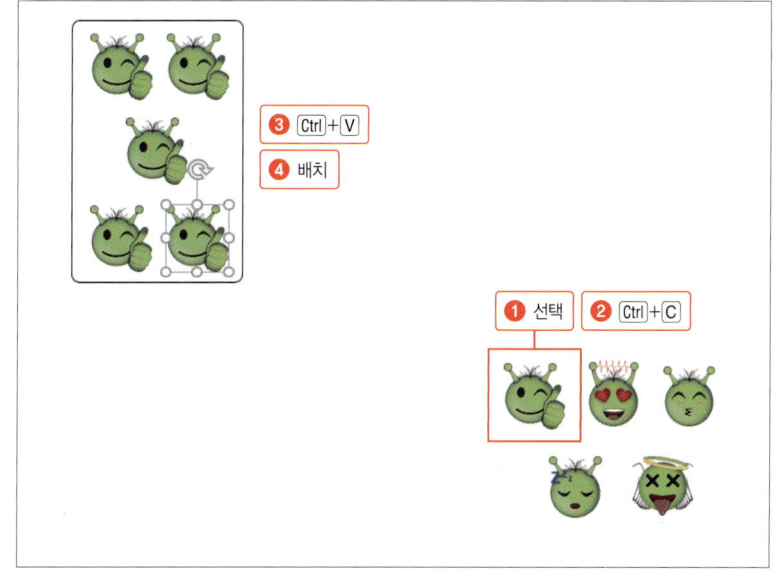

02 둥근 사각형을 선택하고 Ctrl+C를 눌러 복사하고, Ctrl+V를 눌러 붙여 넣은 다음 그림과 같이 배치해요. 외계인 아이콘을 선택하고 복사하여 각각 그림과 같이 배치해요.

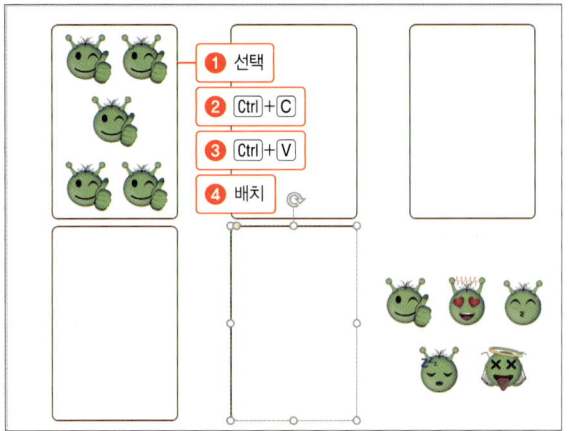

 3 둥근 사각형 색 지정하기

01 〔서식〕 탭에서 〔도형 채우기(🎨)〕를 클릭하여 각각 둥근 직사각형의 색을 지정해요. 숫자 5의 게임 카드가 완성 되었어요.

- **색** : 회색-25%, 배경 2, 10% 더 어둡게
  주황, 강조 2, 60% 더 밝게
  녹색, 강조 6, 60% 더 밝게
  파랑, 강조 1, 60% 더 밝게
  황금색, 강조 4, 60% 더 밝게

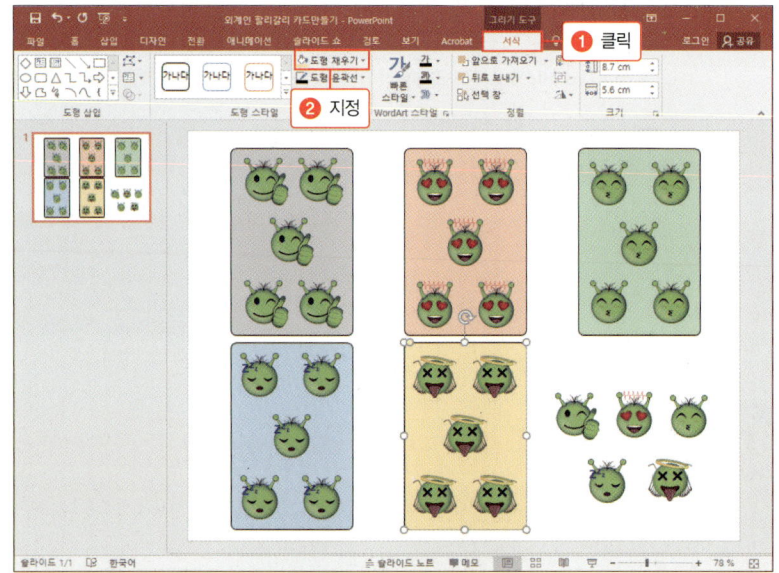

02 슬라이드를 복사하여 숫자 1~4의 카드를 추가해서 만들어요.

 슬라이드를 복사하려면 슬라이드를 선택하고, Ctrl+C를 눌러 복사한 다음 Ctrl+V를 눌러 붙여 넣어요.

01 ▶ 아이콘을 이용하여 쥐 캐릭터를 완성해 보세요.

● 예제파일 : 09_쥐.pptx   ● 완성파일 : 09_쥐(완성).pptx

 하단 아이콘을 복사하고, 확대/축소해서 배치해요.

02 ▶ 나만의 할로윈 카드를 만들어 보세요.

● 예제파일 : 09_할로윈 카드.pptx   ● 완성파일 : 09_할로윈 카드(완성).pptx

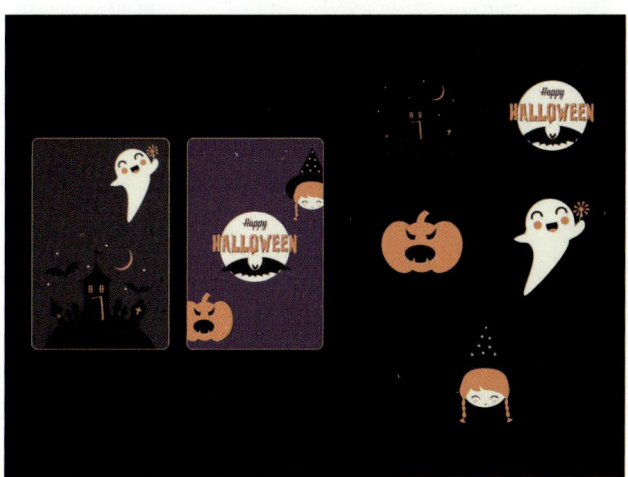

 아이콘을 배치하고, [자르기] 기능을 이용하여 잘라요.

10 수업 표 편집하여 시간표 만들기

표를 추가하여 표의 스타일과 크기를 변경한 다음 표의 셀을 합치고, 시간표 내용을 입력하여 우리 반만의 예쁜 시간표를 만들어 보세요.

 학습목표
- 기본 표를 그려요.
- 표 스타일을 변경해 보세요.
- 표에 내용을 입력하고 셀을 병합해 보세요.

● **예제파일** : 10_시간표.pptx   ● **완성파일** : 10_시간표(완성).pptx

표를 만들고 스타일을 변경했어요. **HOW!**

내용을 입력하고, 셀을 병합하여 점심시간을 구분했어요. **HOW!**

 **1 기본 표 만들기**

01 10 폴더에서 '시간표.pptx' 파일을 연 다음 〔삽입〕 탭에서 〔표(▦)〕를 클릭해요. 커서를 '6×7' 위치로 가져가 클릭하여 표를 그려요.

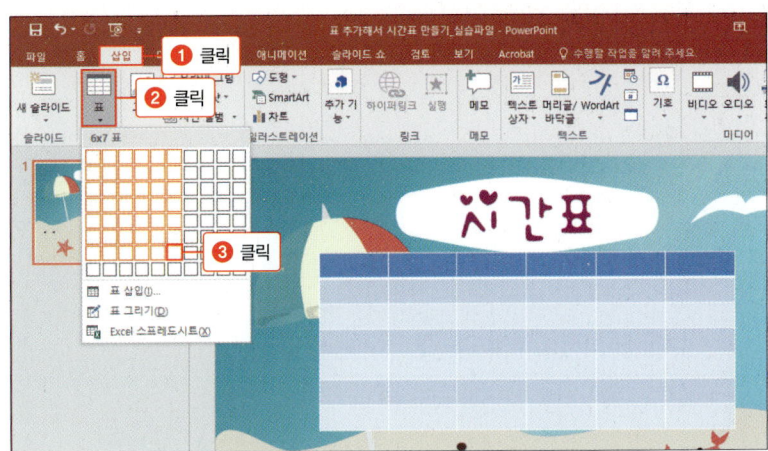

02 표 아래쪽의 변형점을 아래로 드래그하여 표의 세로 길이를 넓게 변경한 다음 아래로 조금 이동해요.

 **2 표 스타일 변경하기**

01 〔디자인〕 탭에서 〔자세히(▽)〕를 클릭하고 '보통 스타일 2 - 강조 6'을 선택해요.

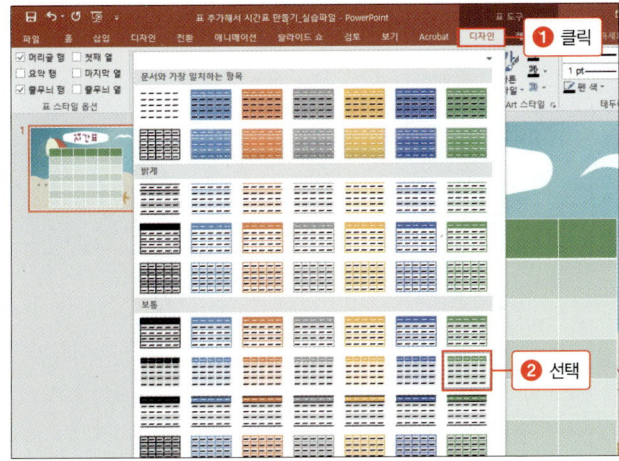 

02 수업 교시가 들어갈 첫 번째 열을 진하게 표시하기 위해 〔디자인〕 탭에서 '첫째 열'을 체크 표시해요.

03 첫 번째 줄의 첫 번째 셀을 클릭하고, 〔펜 색(⬚)〕을 클릭하여 '흰색 배경 1'로 지정해요.

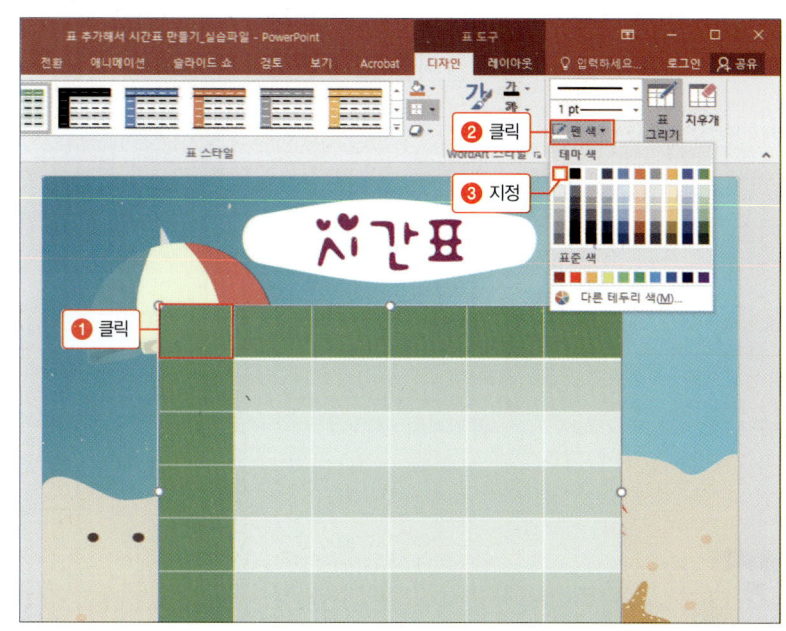

04 〔테두리(⬚)〕를 클릭하고 '하향 대각선 테두리'를 선택하여 셀에 대각선을 적용해요.

 **3 표에 내용 입력하기**

01 첫 번째 줄의 첫 번째 셀에서 대각선으로 드래그하여 표 전체를 선택해요.

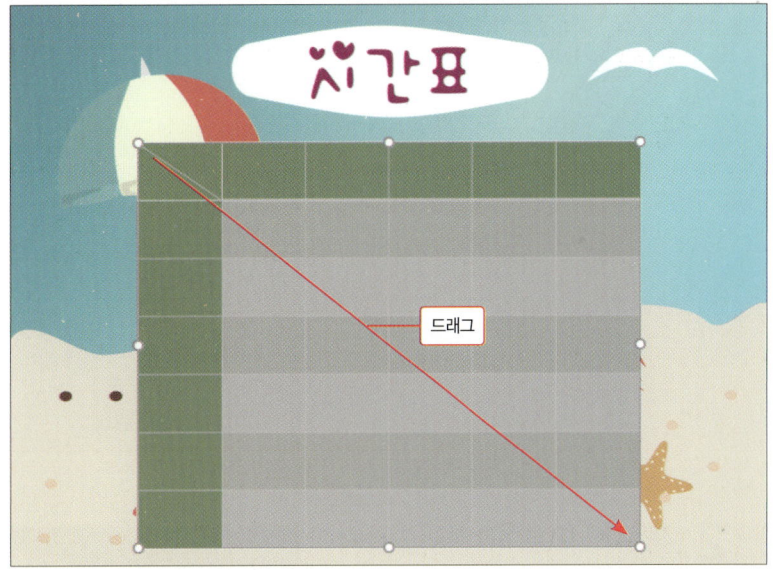

02 〔홈〕 탭에서 〔텍스트 맞춤(⬚)〕을 클릭하여 '중간'으로 선택하고, 〔가운데 맞춤(⬚)〕을 클릭해요.

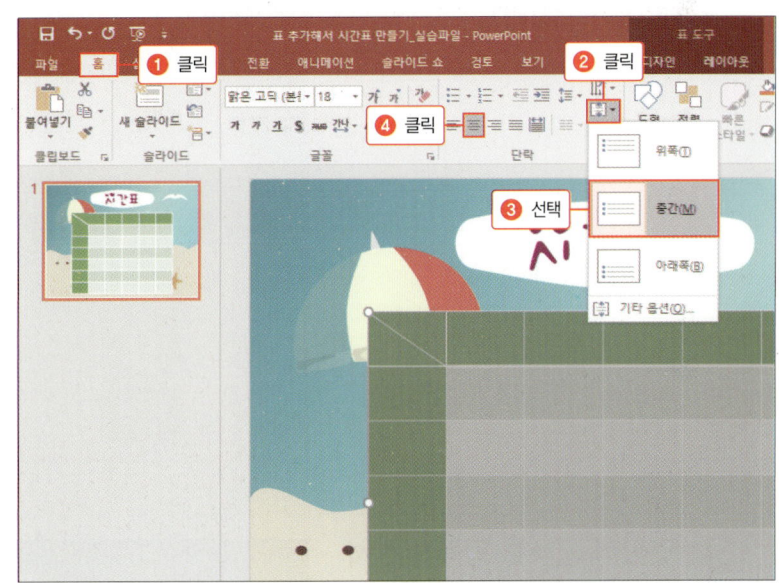

03 첫 번째 줄의 두 번째 셀을 클릭하여 '월'을 입력하고, Tab 을 누르면서 그림과 같이 시간표를 입력해요.

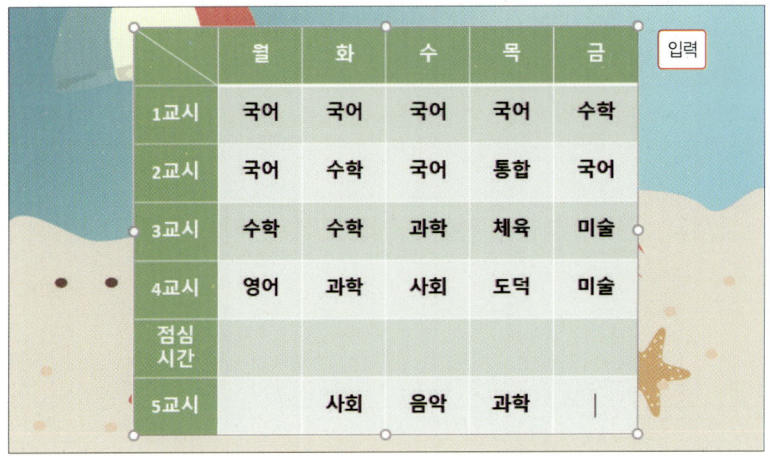

4 표의 셀 합치기

01 '점심시간' 글자 오른쪽 셀부터 오른쪽으로 드래그하여 점심시간 셀을 모두 선택해요.

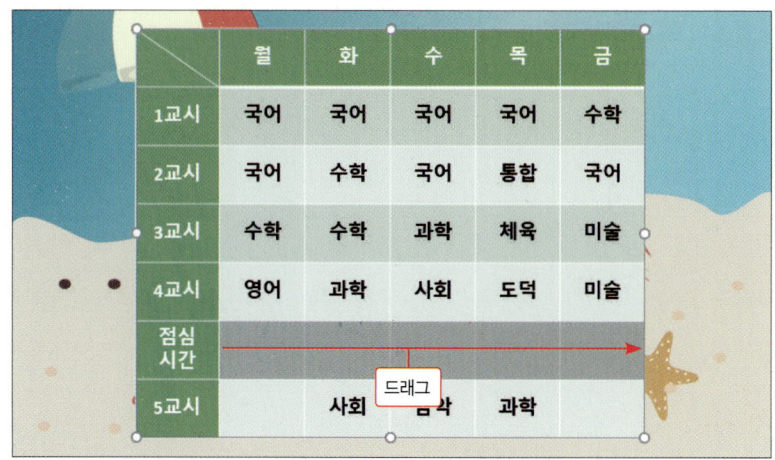

02 마우스 오른쪽 버튼을 클릭한 다음 '셀 병합'을 선택하면 셀이 합쳐져요.

WHY? [셀 병합], [셀 분할]로 표를 보기좋게 수정할 수 있어요.

03 '맛있게 냠냠'을 입력하면 시간표가 완성돼요.

01 ▸ 표를 그려 주간 계획표를 만들어 보세요.

● **예제파일** : 10_주간 계획표.pptx   ● **완성파일** : 10_주간 계획표(완성).pptx

① 표를 그리고 셀을 합쳐요.
② 셀에 색상과 테두리를 설정해요.

11 수업 이미지 삽입하여 여행 사진 꾸미기

여행 추억이 담긴 이미지에 도형과 그림자를 활용하여 멋진 그래픽 효과를 적용해 꾸며 보세요.

- 이미지를 회전하여 배치해 보세요.
- 도형에 그림자 효과를 적용해 보세요.

● 예제파일 : 11_여행.pptx, 여행 사진.jpg   ● 완성파일 : 11_여행(완성).pptx

원에 그러데이션과 그림자 효과를 적용 하여 압핀을 그렸어요. **HOW!**

여행 이미지를 회전시키고, 그림자 효과를 적용해서 입체감 있게 표현했어요. **HOW!**

 **1 이미지 삽입하기**

01 11 폴더에서 '여행.pptx' 파일을 연 다음 〔삽입〕 탭에서 〔도형(⬚)〕을 클릭해요. 〔직사각형(□)〕을 클릭하고 드래그하여 그려요.

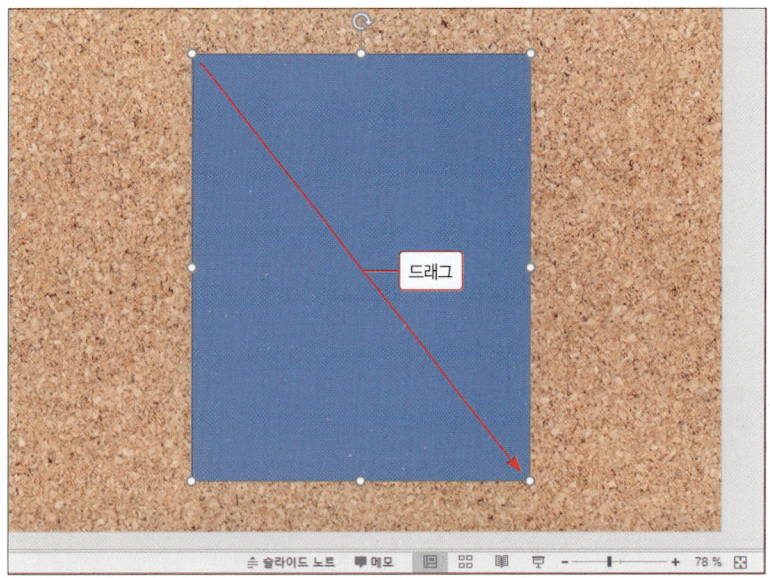

02 〔서식〕 탭에서 〔도형 채우기(🎨)〕와 〔도형 윤곽선(✏️)〕을 클릭하여 색을 지정해요.

- **색** : 흰색, 배경 1
  윤곽선 색 : 윤곽선 없음

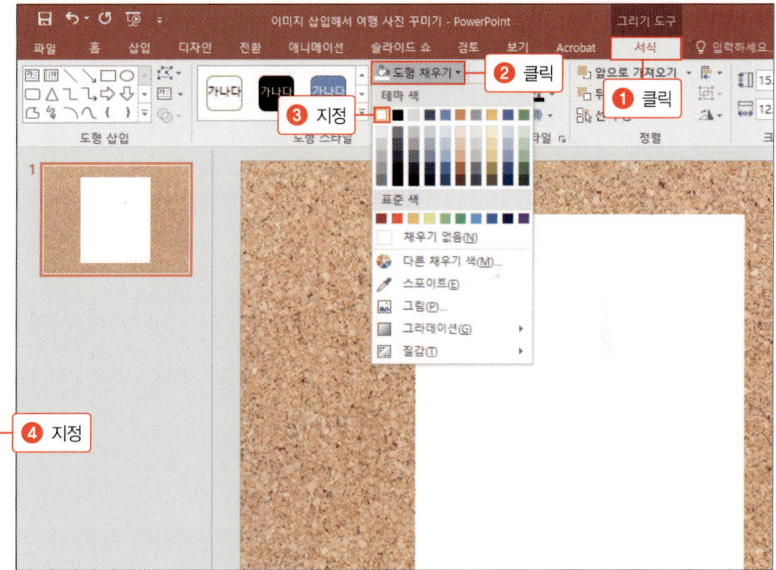

03 〔삽입〕 탭에서 〔그림(🖼️)〕을 클릭하여 〔그림 삽입〕 대화 상자가 표시되면 11 폴더에서 '여행 사진.jpg' 파일을 선택한 다음 〔삽입〕을 클릭하여 여행 이미지를 삽입해요.

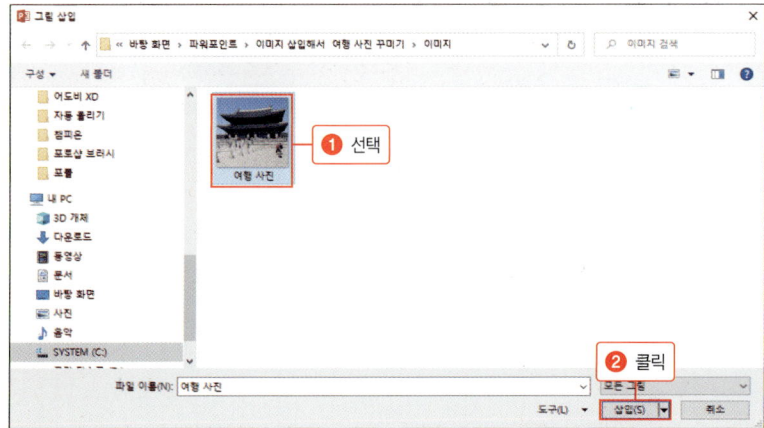

04 여행 이미지를 그림과 같이 배치해요.

2 글자 입력하기

01 〔삽입〕 탭에서 〔도형()〕을 클릭해요. 〔직사각형(□)〕을 클릭하고 드래그하여 그려요.

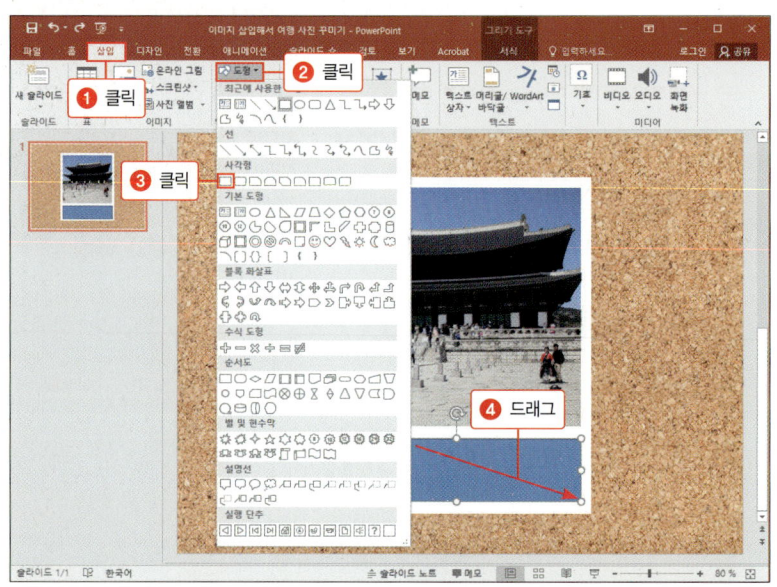

02 〔서식〕 탭에서 〔도형 채우기()〕와 〔도형 윤곽선(✏)〕을 클릭하여 색을 지정해요.

- **색** : 자주
  윤곽선 색 : 윤곽선 없음

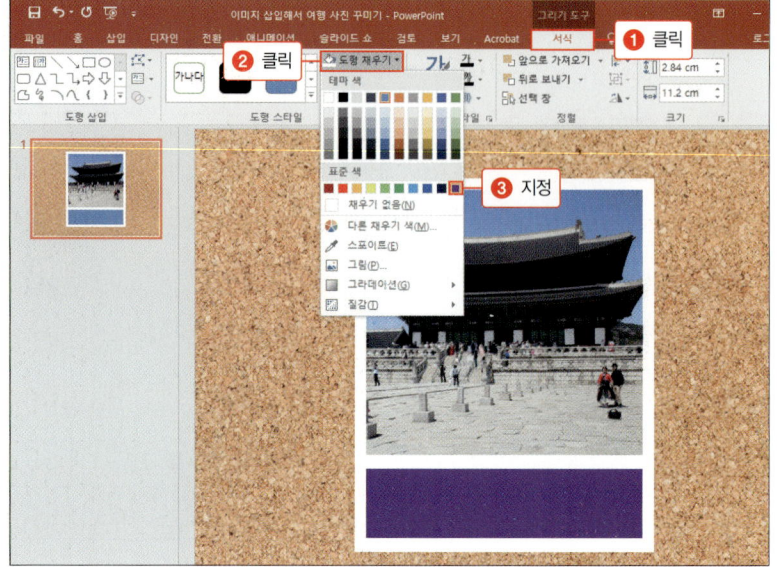

03 〔삽입〕 탭에서 〔텍스트 상자(📄)〕를 클릭한 다음 '가로 텍스트 상자'를 선택해요.

04 자주색 직사각형을 클릭하고 '6월 11일 경복궁'을 입력해요.

05 〔홈〕 탭에서 글꼴과 글꼴 크기, 글꼴 색을 지정한 다음 〔가운데 맞춤(≡)〕을 클릭해요.

- **글꼴** : 나눔손글씨 펜
  글꼴 크기 : 48
  글꼴 색 : 흰색, 배경 1

11 • 이미지 삽입하여 여행 사진 꾸미기

3 압핀 그리기

01 〔삽입〕 탭에서 〔도형(📷)〕을 클릭해요. 〔타원(◯)〕을 클릭한 다음 Shift 를 누른 상태로 드래그하여 정원을 그려요.

02 〔서식〕 탭에서 〔도형 채우기(🎨)〕와 〔도형 윤곽선(✏️)〕을 클릭하여 색을 지정해요.

• **색** : 빨강   **그라데이션** : 어두운 그라데이션 → 가운데에서   **윤곽선 색** : 윤곽선 없음

03 〔서식〕 탭에서 〔도형 효과(⬜)〕를 클릭한 다음 '그림자'에서 '오프셋 대각선 오른쪽 아래'를 선택하면 그림자가 적용돼요.

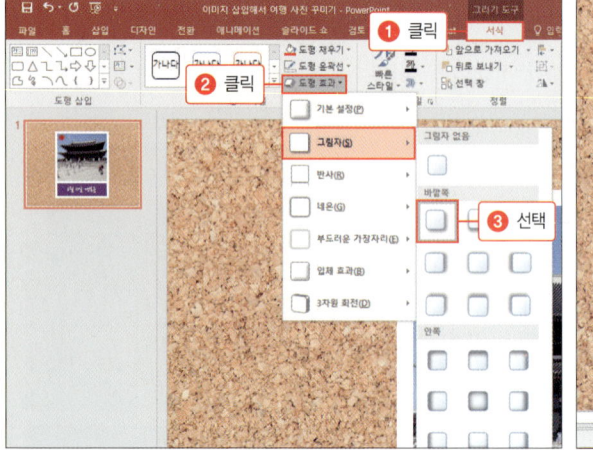 

4 그림자 효과 적용하기

01 Shift를 누른 상태로 흰색 사각형, 여행 이미지, 자주색 사각형, 빨간색 원을 모두 선택해요. 마우스 오른쪽 버튼을 클릭한 다음 '그룹화' → '그룹'을 선택하면 선택한 개체가 모두 그룹으로 지정돼요.

> **WHY?** [그룹]하지 않고 회전하면 각 도형이 회전되어 원하는 형태오 회전되지 않아요. 꼭 [그룹]해서 회전해요.

02 회전점을 드래그하여 그림과 같이 회전해요.

03 [서식] 탭에서 [도형 효과()]를 클릭한 다음 '그림자'에서 '오프셋 대각선 오른쪽 아래'를 선택하면 그림자가 적용돼요.

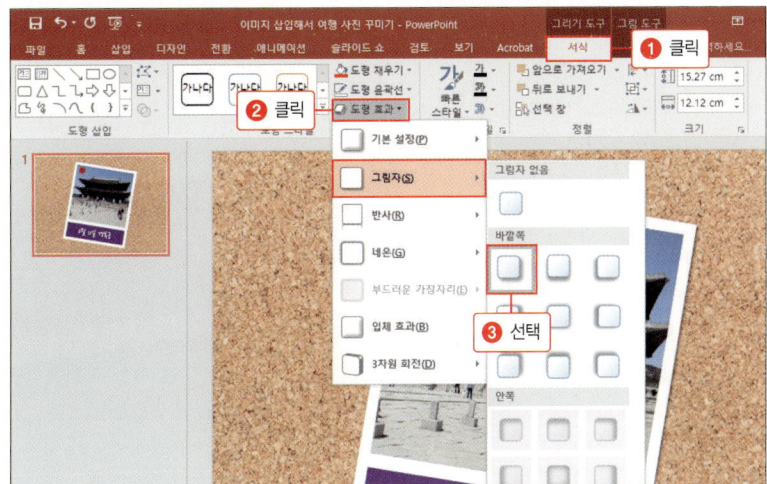

11 • 이미지 삽입하여 여행 사진 꾸미기 **67**

04 다시 (도형 효과( ))를 클릭한 다음 '그림자'에서 '그림자 옵션'을 선택해요. (도형 서식) 패널이 표시되면 투명도를 '33%', 크기를 '103%', 흐리게를 '38pt'로 지정해요.

05 그림자까지 설정하여 여행 사진 꾸미기가 완성되었어요.

01 ▶ 우리 집 강아지 이미지를 예쁘게 꾸며 보세요.

● **예제파일** : 11_강아지.pptx   ● **완성파일** : 11_강아지(완성).pptx

❶ 〔도형 편집〕 → '점 편집'을 선택하여 도형을 변경해요.
❷ 도형에 '그림자' 효과를 적용해요.
❸ 〔자르기〕 기능으로 이미지를 잘라요.

12 수업
글자를 강조하여 회장 포스터 만들기

전교 회장 선거에 나가려고 해요. 나의 번호와 공약 넣어 홍보하기 위해 다양한 도형과 효과를 적용하여 눈에 확 띄는 멋진 포스터를 만들어 보세요.

- 슬라이드 크기를 변경해 보세요.
- 글자를 입력하고 효과를 적용해 보세요.
- 이미지를 배치하고 공약 내용을 입력해 보세요.

● 예제파일 : 12_회장 선거.jpg   ● 완성파일 : 12_회장 선거 포스터(완성).pptx

슬라이드 크기를 포스터 크기에 맞게 'A3'로 변경했어요. **HOW!**

글자에 효과를 적용하여 둥글게 변형했어요. **HOW!**

이미지에 테두리와 그림자가 있는 그림 스타일을 적용했어요. **HOW!**

번호와 공약을 입력하고 잘 보이게 색상을 적용했어요. **HOW!**

 **1 슬라이드 크기 변경하기**

01 파워포인트 2016 프로그램을 실행하고 〔새 프레젠테이션〕을 클릭해요.

 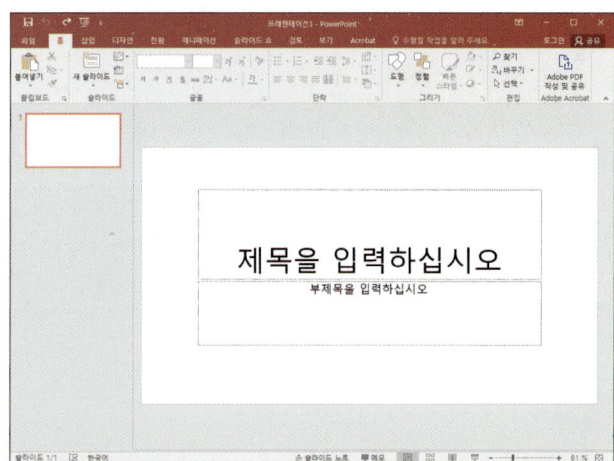

02 〔디자인〕 탭에서 〔슬라이드 크기(□)〕를 클릭한 다음 '사용자 지정 슬라이드 크기'를 선택해요.

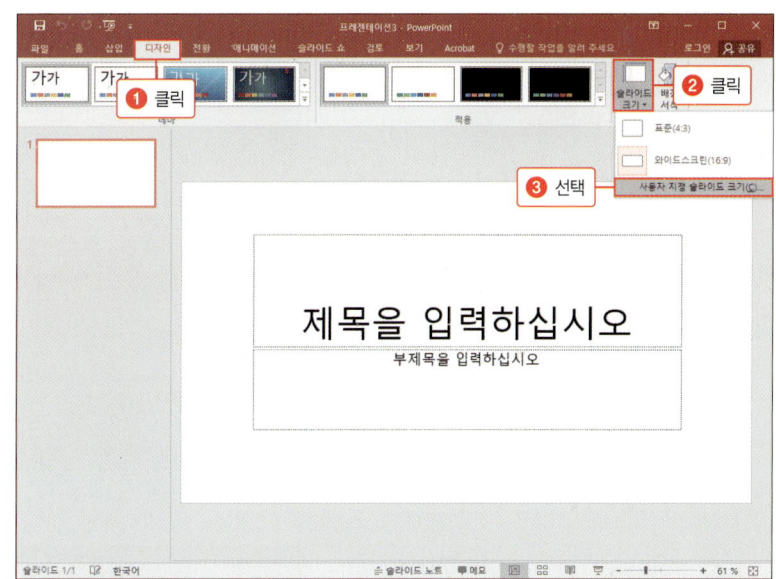

03 〔슬라이드 크기〕 대화상자가 표시되면 슬라이드 크기를 'A3 용지(297×420mm)'로 지정하고 〔확인〕을 클릭한 다음 '최대화'를 클릭해요.

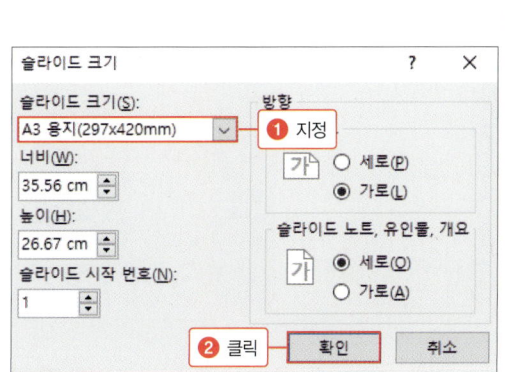 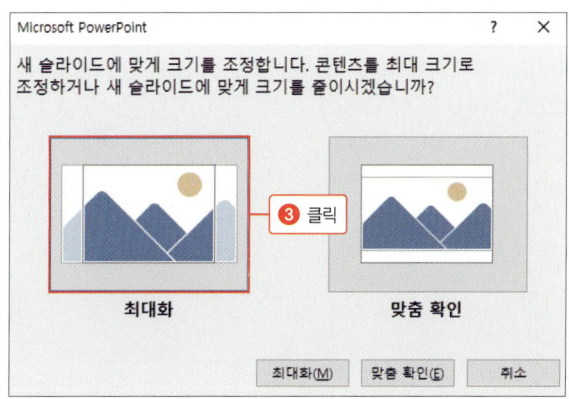

12 · 글자를 강조하여 회장 포스터 만들기 **71**

04 슬라이드 전체를 드래그하고 Delete를 눌러 빈 슬라이드로 만들어요.

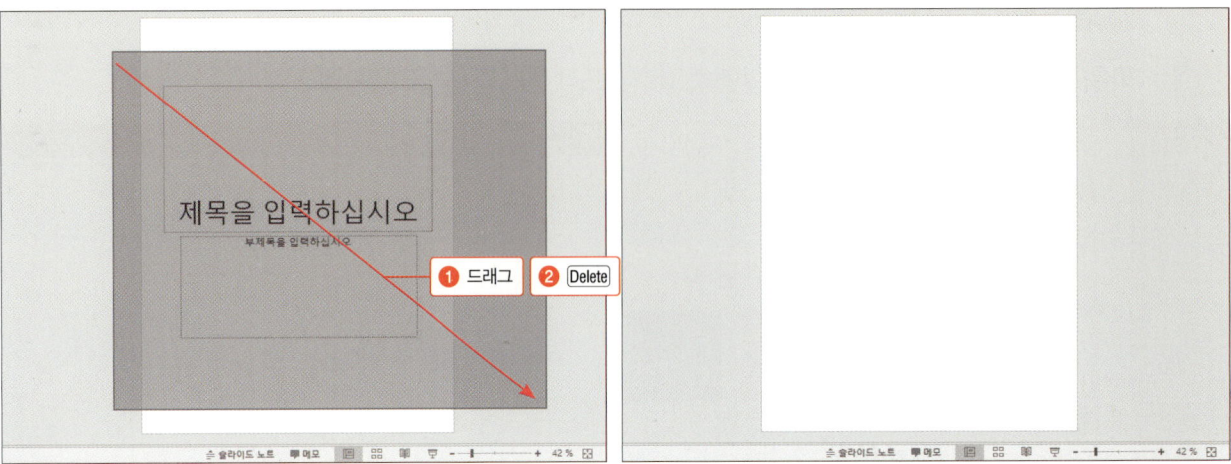

2 배경 단색으로 채우기

01 〔배경 서식()〕을 클릭하여 〔배경 서식〕 패널이 표시되면 '단색 채우기'를 선택하고, 색을 '주황'으로 지정하여 배경색을 변경해요.

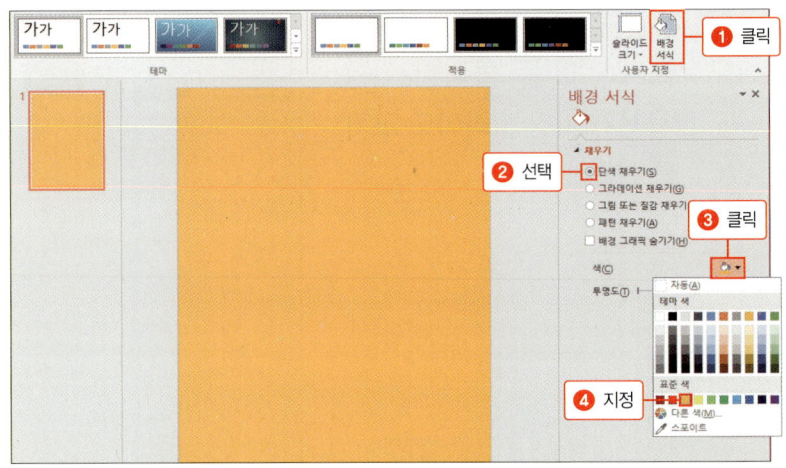

02 〔삽입〕 탭에서 〔도형()〕을 클릭해요. 〔직사각형(□)〕을 클릭한 다음 드래그하여 그려요.

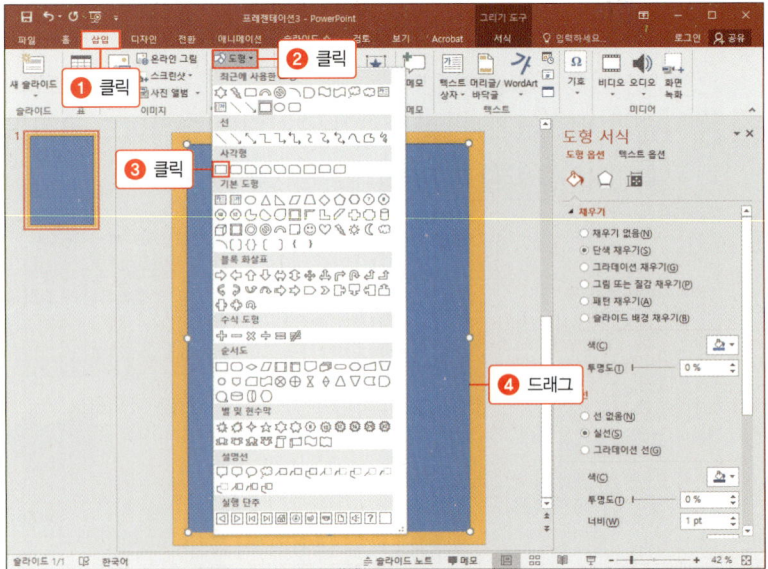

03 〔도형 서식〕 패널에서 '채우기'와 '선'을 선택한 다음 옵션을 지정해요.

- **채우기** : 채우기 없음
  선 : 실선
  색 : 흰색, 배경 1
  너비 : 6pt

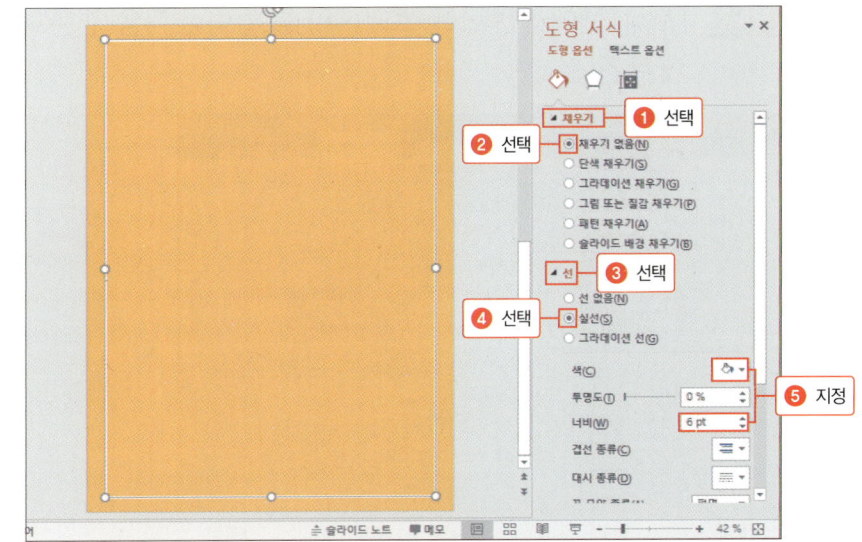

3 글자 입력하고 효과 적용하기

01 〔삽입〕 탭에서 〔텍스트 상자()〕를 클릭한 다음 '가로 텍스트 상자'를 선택하고 드래그하여 '전교 회장 후보'를 입력해요.

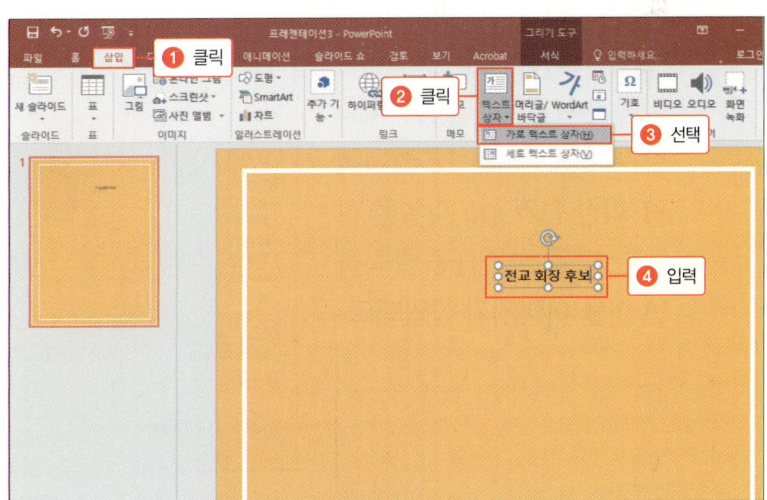

02 〔홈〕 탭에서 글꼴과 글꼴 크기, 글꼴 색을 지정한 다음 〔가운데 맞춤()〕을 클릭해요.

- **글꼴** : 여기어때 잘난체   **글꼴 크기** : 90   **글꼴 색** : 다른 색 → 표준 → 분홍

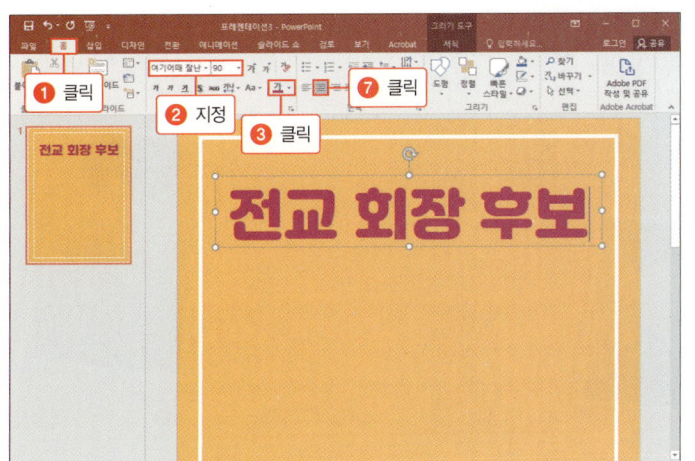

12 · 글자를 강조하여 회장 포스터 만들기

03 〔서식〕 탭에서 〔텍스트 효과(가)〕를 클릭한 다음 '변환'에서 '위쪽 원호'를 선택하면 글자가 둥글게 변경돼요.

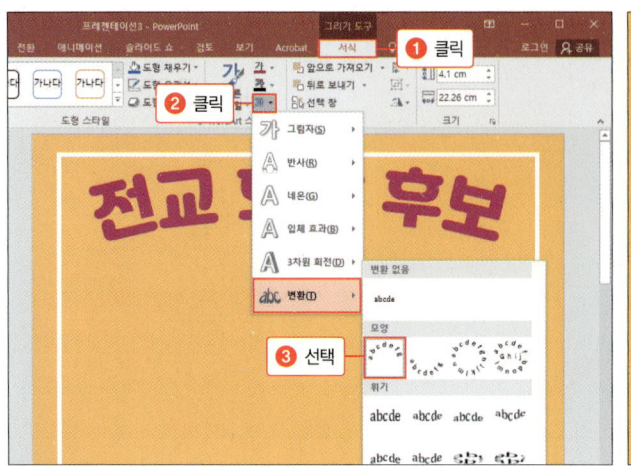 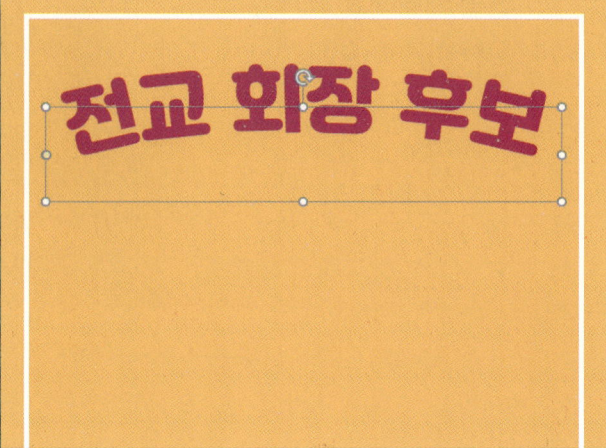

4 이미지 삽입하고 효과 적용하기

01 〔삽입〕 탭에서 〔그림()〕을 클릭하여 〔그림 삽입〕 대화 상자가 표시되면 12 폴더에서 '회장 선거.jpg' 파일을 선택한 다음 〔삽입〕을 클릭하면 인물 이미지가 삽입돼요.

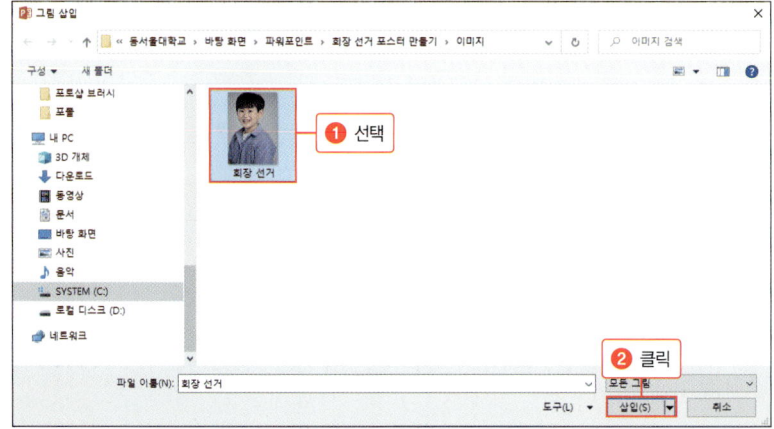

02 〔서식〕 탭에서 〔자세히(▼)〕를 클릭한 다음 '회전, 흰색'을 선택하고, 이미지를 그림과 같이 배치해요.

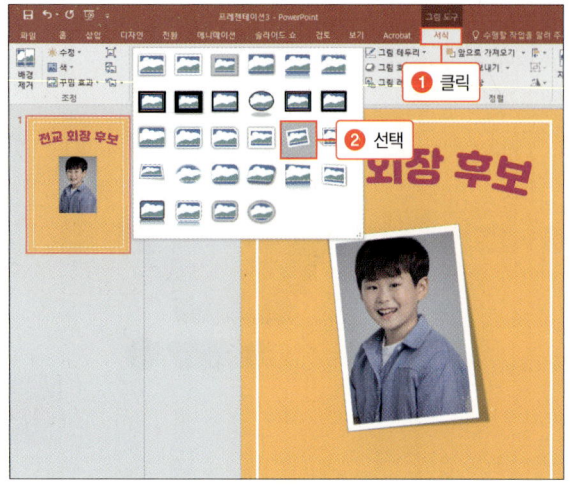 

03 〔삽입〕 탭에서 〔도형(⬚)〕을 클릭해요. 〔순서도: 지연(⬚)〕을 클릭한 다음 드래그하여 그려요.

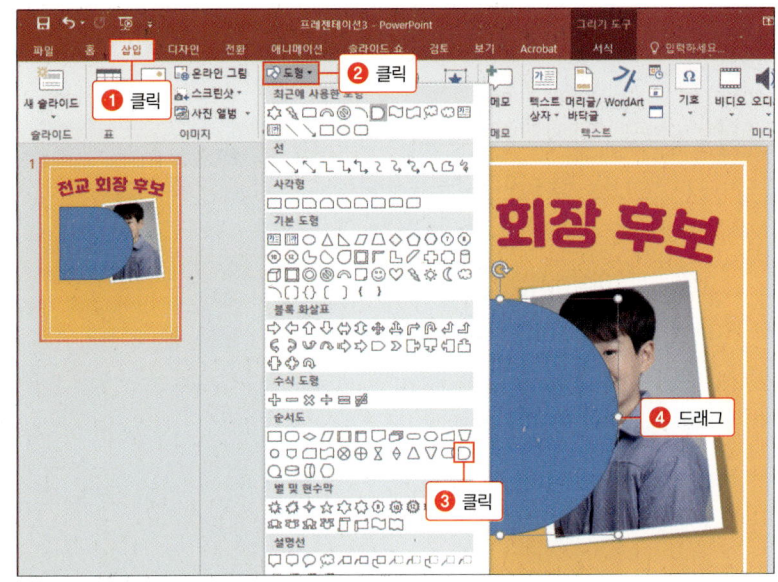

04 〔서식〕 탭에서 〔도형 채우기(⬚)〕와 〔도형 윤곽선(⬚)〕을 클릭하여 색을 지정해요.

- **색** : 흰색, 배경 1
  윤곽선 색 : 윤곽선 없음

05 〔서식〕 탭에서 〔뒤로 보내기(⬚)〕를 클릭하면 도형이 이미지 뒤로 배치돼요.

5 글자 입력하고 도형과 배치하기

01 〔삽입〕 탭에서 〔텍스트 상자〕를 클릭한 다음 '가로 텍스트 상자'를 선택하고, 드래그하여 '1번'을 입력해요. 〔홈〕 탭에서 글꼴과 글꼴 크기, 글꼴 색을 지정해요.

- 글꼴 : 여기어때 잘난체
  글꼴 크기 : 300
  글꼴 색 : 흰색, 배경 1

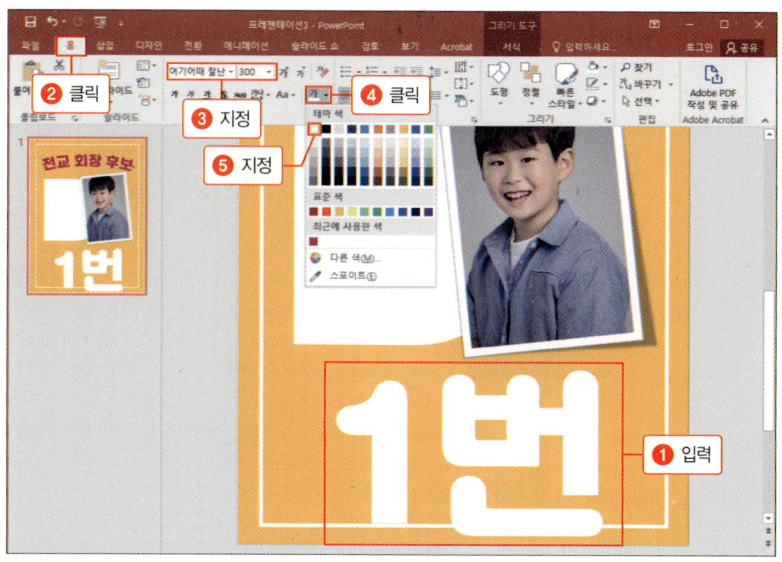

02 '1번' 글자를 도형으로 이동하고 글꼴 색을 변경해요. '번' 글자만 드래그하여 선택하고 글꼴 크기를 '80'으로 지정해요.

- 글꼴 색 : 주황

03 '최민우'를 입력한 다음 〔홈〕 탭에서 글꼴과 글꼴 크기, 글꼴 색을 지정하고 그림과 같이 배치해요.

- 글꼴 : 여기어때 잘난체
  글꼴 크기 : 72
  글꼴 색 : 주황

글자가 '흰색'으로 안 보일 경우 글꼴 색을 변경해요.

04 〔삽입〕 탭에서 〔도형(⬚)〕을 클릭해요. 〔양쪽 모서리가 둥근 사각형(▢)〕을 클릭한 다음 드래그하여 도형을 그려요.

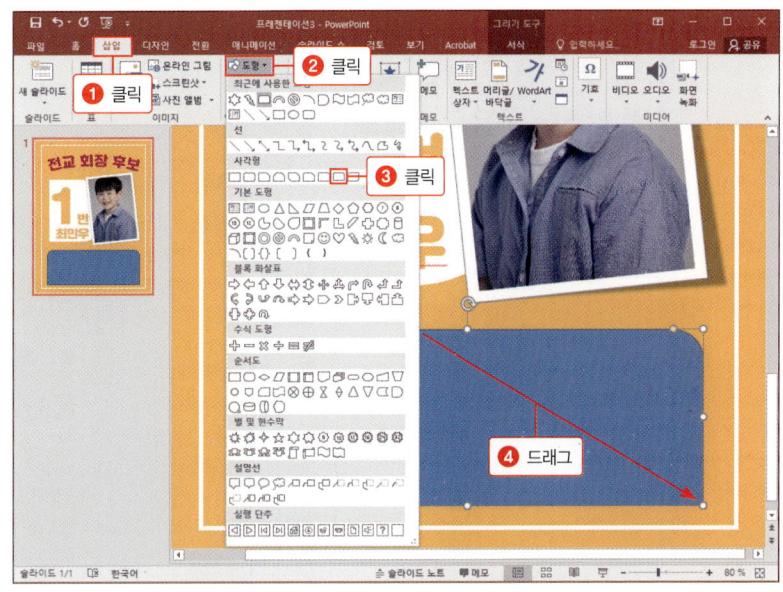

05 〔서식〕 탭에서 〔도형 채우기(⬚)〕와 〔도형 윤곽선(⬚)〕을 클릭하여 색을 지정해요.

- **색** : 흰색, 배경1 **윤곽선 색** : 윤곽선 없음

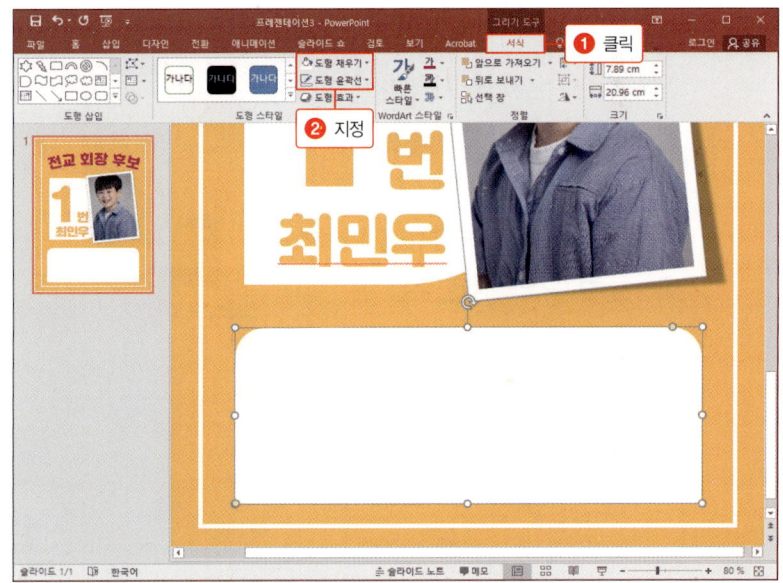

06 〔삽입〕 탭에서 〔텍스트 상자(⬚)〕를 클릭한 다음 '가로 텍스트 상자'를 선택하고, 드래그하여 그림과 같이 공약을 입력해요.

12 · 글자를 강조하여 회장 포스터 만들기

07 〔홈〕 탭에서 글꼴과 글꼴 크기, 글꼴 색을 지정한 다음 〔왼쪽 맞춤(≡)〕을 클릭해요.

- **글꼴** : 여기어때 잘난체
  글꼴 크기 : 45
  글꼴 색 : 파랑, 자주, 빨강

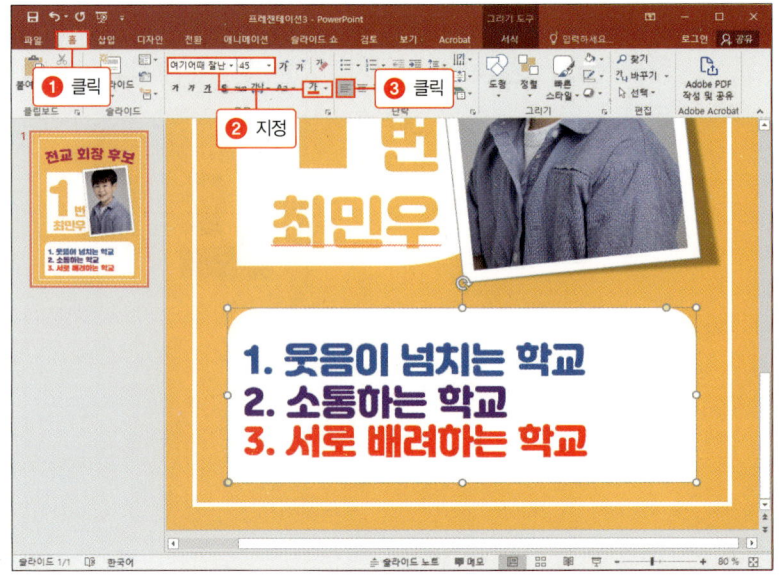

08 〔삽입〕 탭에서 〔도형(⌂)〕을 클릭해요. 〔포인트가 6개인 별(✡)〕을 클릭한 다음 드래그하여 별을 그려요. 〔서식〕 탭에서 〔도형 채우기(▲)〕와 〔도형 윤곽선(✎)〕을 클릭하여 색을 지정해요.

- **색** : 분홍 **윤곽선 색** : 윤곽선 없음

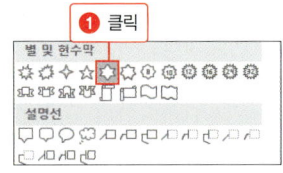

09 〔삽입〕 탭에서 〔텍스트 상자(▤)〕를 클릭한 다음 '가로 텍스트 상자'를 선택하고, 드래그하여 '공약'을 입력해요. 〔홈〕 탭에서 글꼴과 글꼴 크기, 글꼴 색을 지정하여 회장 선거 포스터를 완성해요.

- **글꼴** : 여기어때 잘난체 **글꼴 크기** : 24 **글꼴 색** : 흰색, 배경 1

01 ▶ 음식물 쓰레기 줄이기 캠페인 표어를 만들어 보세요.

● **예제파일** : 12_음식물 캠페인.pptx   ● **완성파일** : 12_음식물 캠페인(완성).pptx

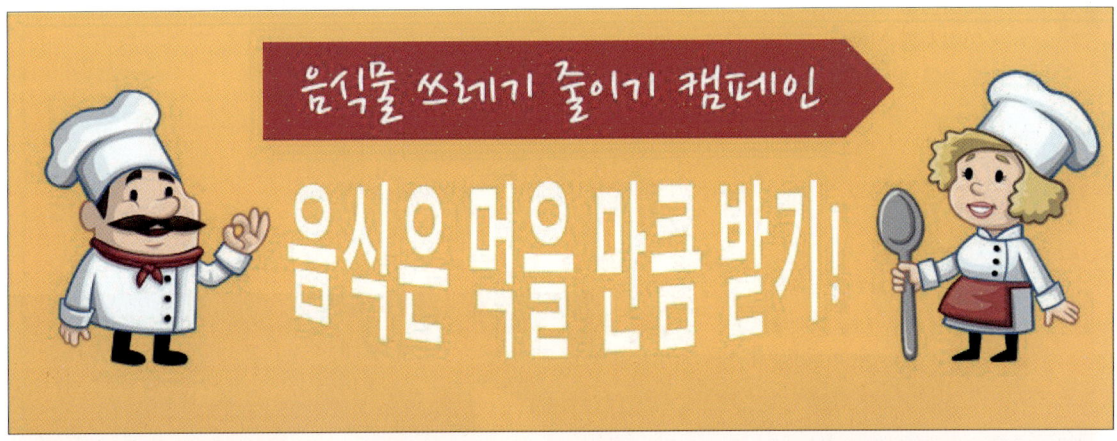

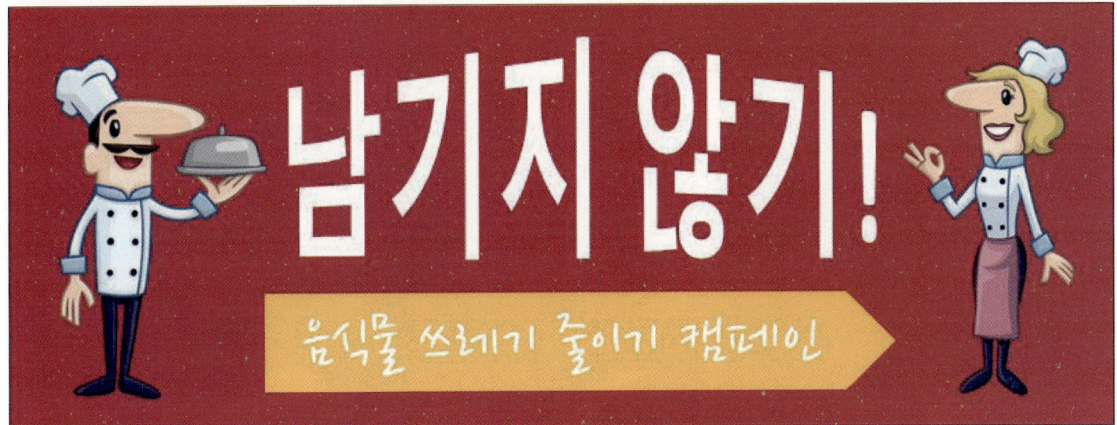

① 표어를 입력하고, [텍스트 효과]를 '아래쪽 팽창'과 '삼각형'으로 설정해요.
② 노란색 조절점을 드래그하여 형태를 수정해요.

달의 모양을 변형하여 과학 포스터 만들기

13 수업

한 달간 보이는 달 모양의 변화를 관찰해 보세요. 달의 모양과 이름을 친구들에게 소개해 주기 위해 달 이미지를 다양한 형태로 자르고, 변형하여 포스터를 만들어 보세요.

학습목표
- 이미지를 어둡게 보정해 보세요.
- 이미지를 원하는 크기로 잘라 보세요.
- 도형을 활용하여 이미지를 가려 형태를 변형해 보세요.

● 예제파일 : 13_과학 포스터.pptx, 달.png, 지구.png   ● 완성파일 : 13_과학 포스터(완성).pptx

달 이미지를 원하는 크기로 잘라 반달로 변형했어요. **HOW!**

달 이미지를 삽입하고 어둡게 보정했어요. **HOW!**

도형으로 달 이미지를 가려 달 모양을 변형했어요. **HOW!**

 **1 이미지 복사하고 보정하기**

01 13 폴더에서 '과학 포스터.pptx' 파일을 열어요. 〔삽입〕 탭에서 〔그림(□)〕을 클릭하여 〔그림 삽입〕 대화상자가 표시되면 13 폴더에서 '지구.png', '달.png' 파일을 선택하고 〔삽입〕을 클릭하면 이미지가 삽입돼요.

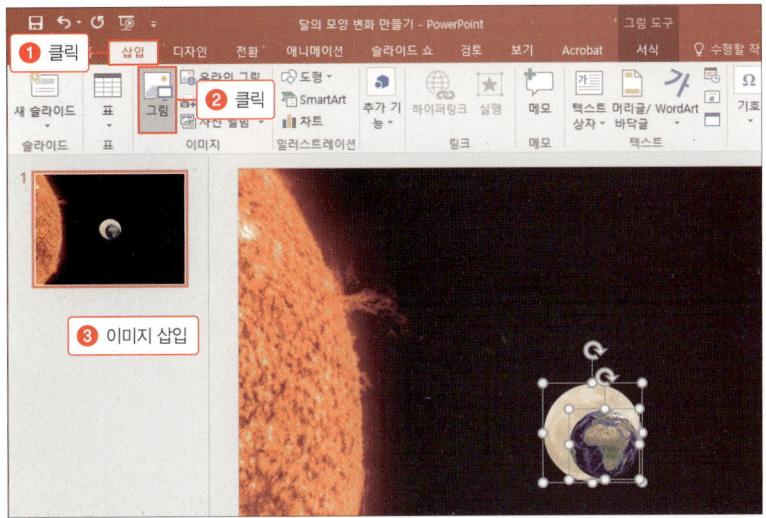

02 지구와 달 이미지를 그림과 같이 배치해요.

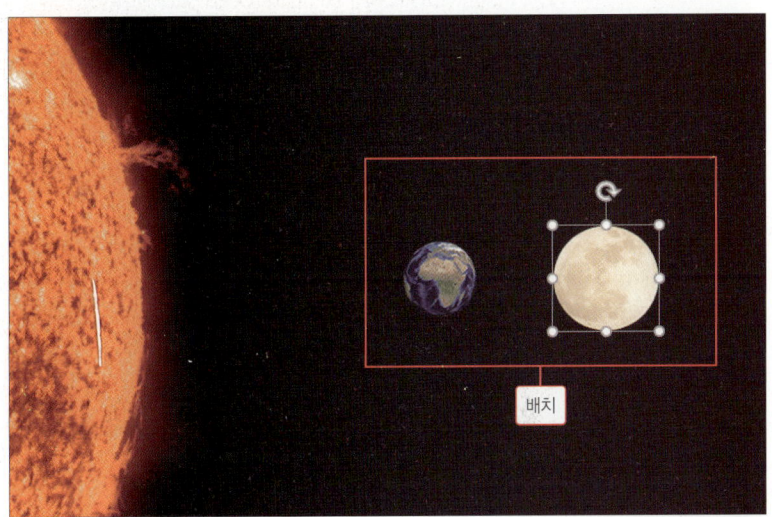

03 달 이미지를 선택한 다음 Ctrl+C를 눌러 복사하고, Ctrl+V를 눌러 붙여 넣어요. 그림과 같이 복사한 달 이미지를 배치해요.

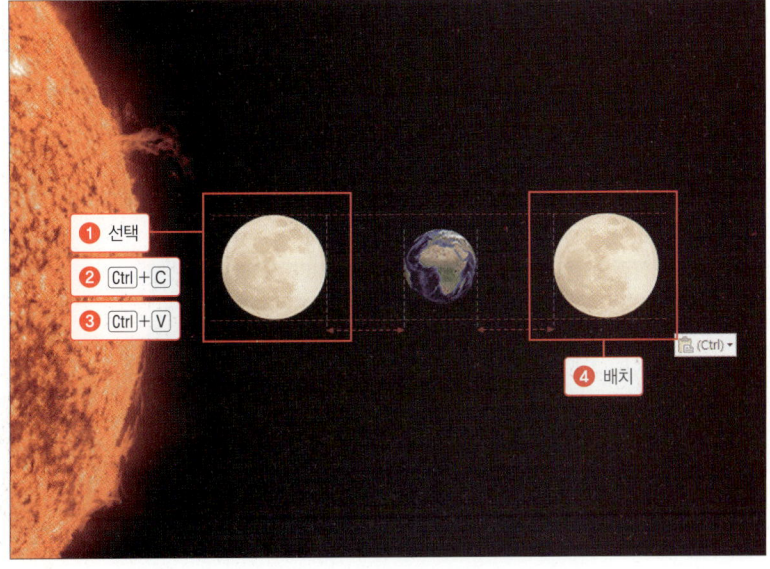

04 〔서식〕 탭에서 〔수정(☀)〕을 클릭하고 '밝기: -40%, 대비 -40%'를 선택하면 달 이미지가 어두워져요.

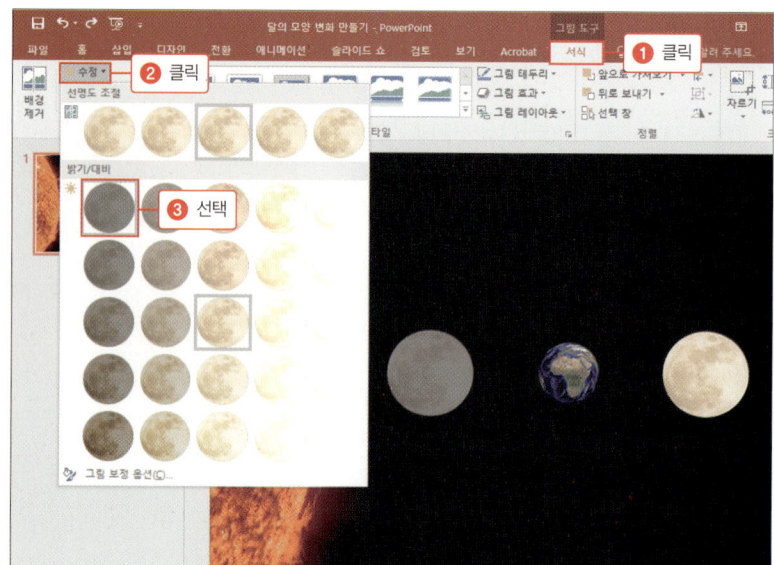

WHY? 이미지 [조정]을 활용하여 이미지의 밝기, 색, 꾸밈 효과를 적용하여 이미지를 빠르게 수정할 수 있어요.

05 다시 밝은 달 이미지를 선택한 다음 Ctrl+C를 눌러 복사하고, Ctrl+V를 눌러 붙여 넣어요. 그림과 같이 복사한 달 이미지를 배치해요.

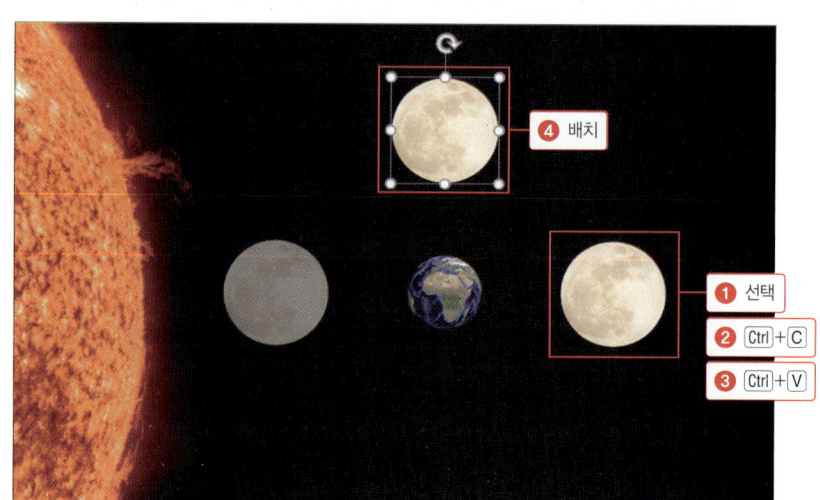

01 〔서식〕 탭에서 〔자르기(⬚)〕를 클릭하면 자르기 변형점이 표시돼요. 변형점을 그림과 같이 왼쪽으로 드래그하고, Esc를 눌러 잘라요. 달 이미지가 반달로 변경되었어요.

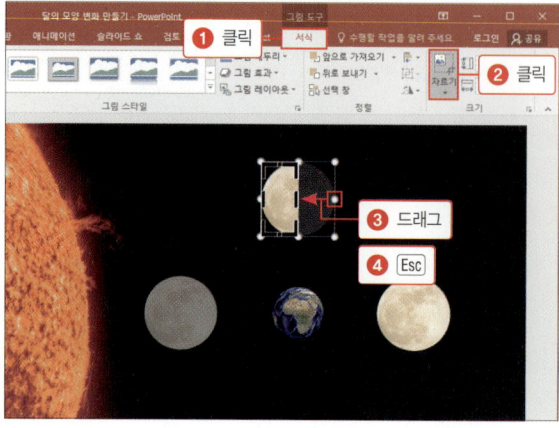 

02 자른 반달 이미지를 선택한 다음 Ctrl+C를 눌러 복사하고, Ctrl+V를 눌러 붙여 넣어요. 그림과 같이 복사한 반달 이미지를 배치해요.

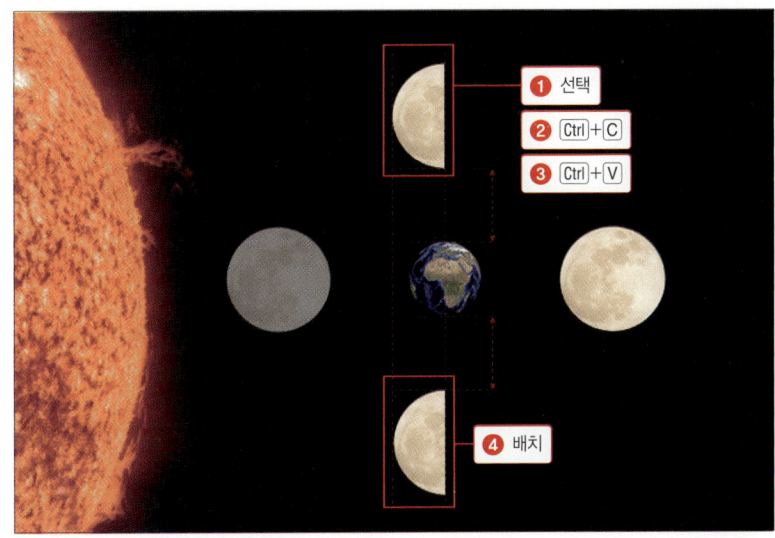

03 [서식] 탭에서 [자르기()]를 클릭해요. 변형점을 그림과 같이 드래그하고, Esc를 눌러 이미지를 잘라요. 다른 형태의 반달로 변경되었어요.

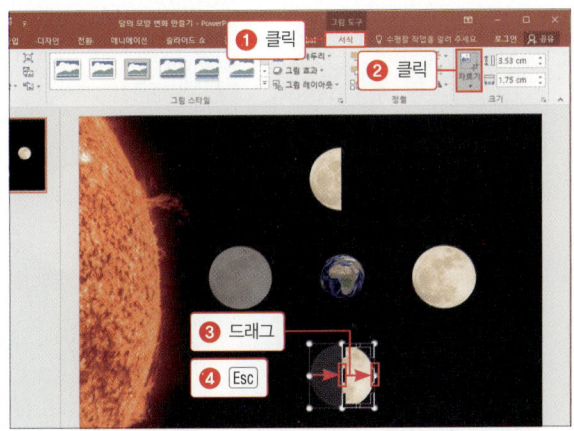 

3 도형을 활용하여 이미지 변형하기

01 동그란 달 이미지를 선택한 다음 Ctrl+C를 눌러 복사하고, Ctrl+V를 눌러 붙여 넣어요. [삽입] 탭에서 [도형()]을 클릭해요. [타원(○)]을 클릭하고, Shift를 누른 상태로 드래그하여 복사한 달 이미지에 정원을 그려요.

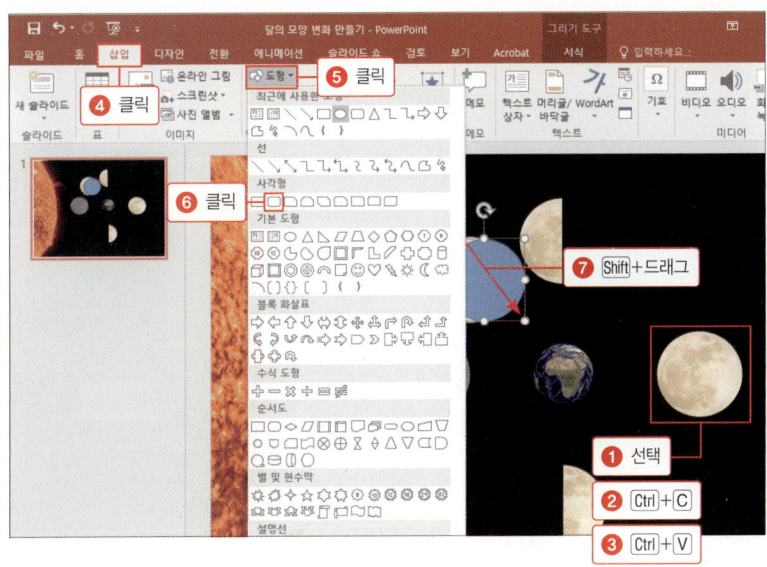

13 • 달의 모양을 변형하여 과학 포스터 만들기

02 〔서식〕 탭에서 〔도형 윤곽선(🖉)〕을 클릭하여 '윤곽선 없음'을 선택해요. 〔도형 채우기(🖼)〕를 클릭하여 '스포이트'를 선택한 다음 슬라이드 배경을 클릭해요.

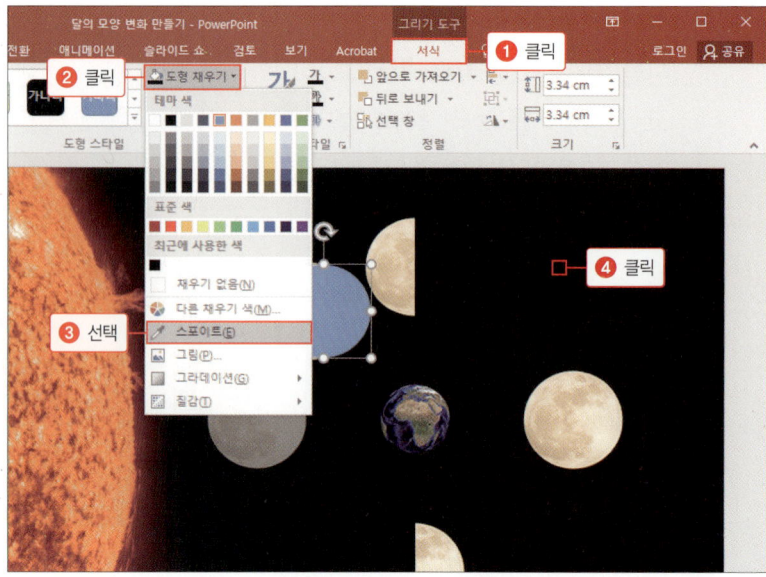

WHY? [스포이트]를 활용하여 원하는 컬러를 빠르게 지정할 수 있어요.

03 배경과 같은 색으로 변경된 정원이 달 이미지의 일부를 가려 초승달처럼 보여요.

04 달 이미지와 정원을 선택한 다음 Ctrl+C를 눌러 복사하고, Ctrl+V를 눌러 붙여 넣어요. 정원만 그림과 같이 왼쪽으로 이동해요.

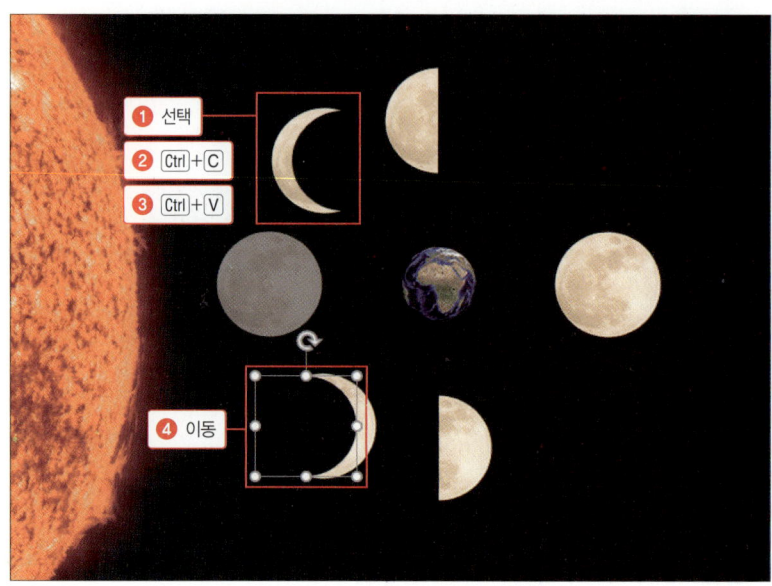

05 동그란 달 이미지를 선택한 다음 Ctrl+C를 눌러 복사하고, Ctrl+V를 눌러 붙여 넣어요. 그림과 같이 배치하고, 〔삽입〕 탭에서 〔도형( )〕을 클릭한 다음 〔달( )〕을 클릭하여 복사한 달 이미지 오른쪽에 드래그하여 초승달을 그려요.

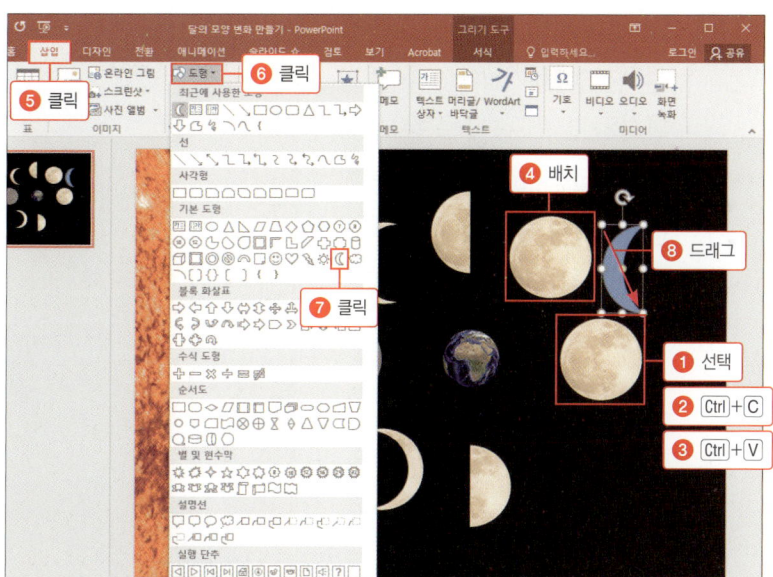

06 회전점을 드래그하여 그림과 같이 회전하고 배치해요.

07 〔서식〕 탭에서 〔도형 윤곽선( )〕을 클릭하여 '윤곽선 없음'을 선택한 다음 〔도형 채우기( )〕를 클릭하여 '검정, 텍스트 1'로 지정해요. 달 이미지가 변경되었어요.

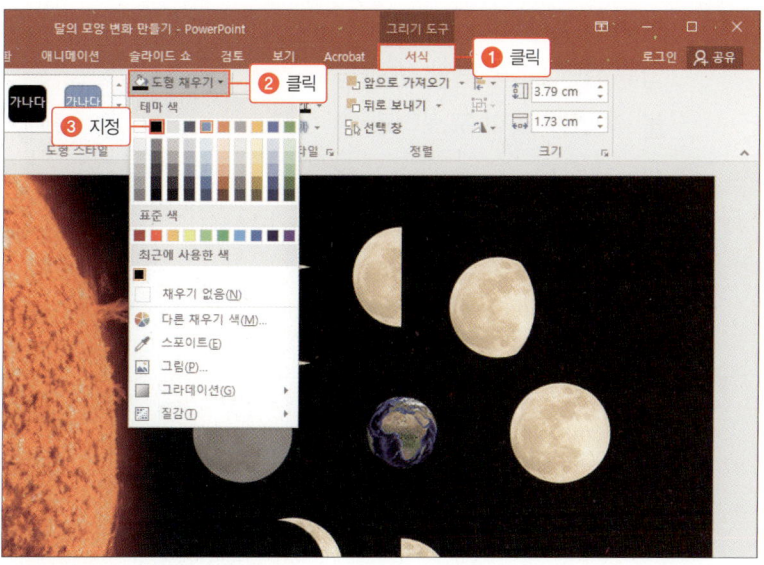

13 • 달의 모양을 변형하여 과학 포스터 만들기 85

08 달 이미지와 초승달 도형을 선택한 다음 Ctrl+C를 눌러 복사하고, Ctrl+V를 눌러 붙여 넣어요. 초승달 도형만 회전하고 왼쪽으로 이동하여 그림과 같이 배치해요.

09 〔삽입〕 탭에서 〔텍스트 상자〕를 클릭한 다음 '가로 텍스트 상자'를 선택해요. 드래그하여 그림과 같이 달의 이름을 입력하고 배치해요.

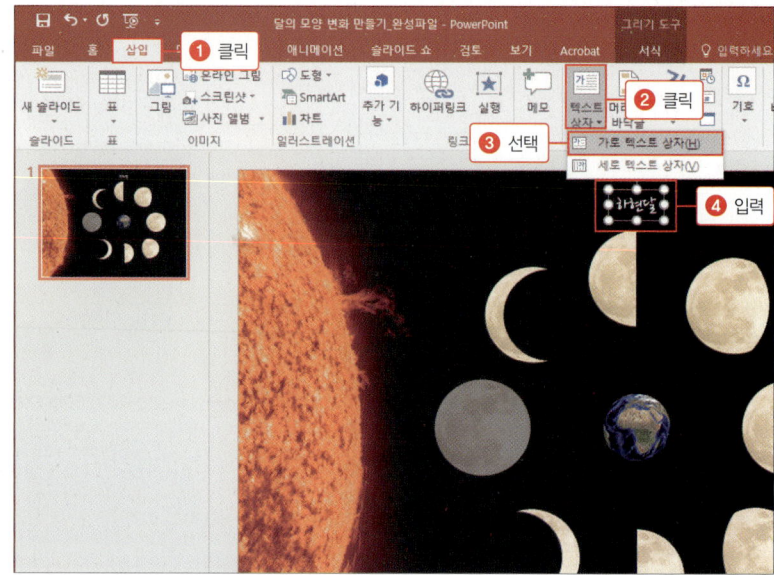

10 나머지 달에도 이름을 모두 입력하면 달의 모양 변화를 볼 수 있는 과학 포스터가 완성되었어요.

01 ▶ 큰곰자리 별자리를 그려 보세요.

● 예제파일 : 13_큰곰자리.pptx   ● 완성파일 : 13_큰곰자리(완성).pptx

① [포인트가 4개인 별]과 [선]을 사용하여 큰곰자리 별자리를 그려요.
② 하늘 이미지에는 '선명도 조절', 숲 이미지에는 '색 채도' 설정을 변경해요.

14 수업
이미지 자르고 프레임 만들어 역사 문화 소개하기

경주로 여행을 다녀와 다양한 역사와 문화를 배웠어요. 촬영한 이미지를 이용하여 문화재를 소개하기 위해 이미지를 자유롭게 자르고 프레임을 적용하여 문서를 만들어 보세요.

학습목표
- 비율에 맞춰서 이미지를 잘라 보세요.
- 이미지에 프레임을 적용해 보세요.
- 이미지를 원하는 크기로 잘라 보세요.

● 예제파일 : 14_역사 문화 소개.pptx, 첨성대.jpg, 불국사.jpg, 불국사 다보탑.jpg, 감은사지 삼층 석탑.jpg   ● 완성파일 : 14_역사 문화 소개(완성).pptx

슬라이드 크기에 맞게 비율에 맞춰 이미지를 잘랐어요. **HOW!**

이미지에 흰색 프레임을 적용했어요. **HOW!**

이미지를 자유롭게 자르고 배치했어요. **HOW!**

1 이미지 비율에 맞춰 자르기

01 14 폴더에서 '역사 문화 소개.pptx' 파일을 열어요. 1번 슬라이드를 선택하고, 〔삽입〕 탭에서 〔그림(📷)〕을 클릭하여 〔그림 삽입〕 대화상자가 표시되면 14 폴더에서 '첨성대.jpg' 파일을 선택한 다음 〔삽입〕을 클릭하면 이미지가 삽입돼요.

02 〔서식〕 탭에서 〔자르기(📷)〕를 클릭해요. '가로 세로 비율'에서 가로의 '4:3'을 선택하고, Esc를 눌러요.

WHY? 원하는 비율로 이미지를 빠르게 자를 때 사용해요.

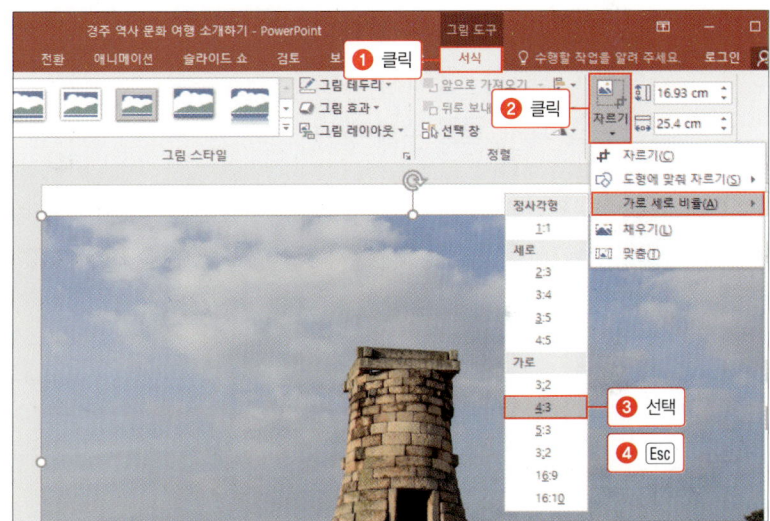

03 이미지가 비율에 맞춰 4:3 비율로 잘렸어요.

14 · 이미지 자르고 프레임 만들어 역사 문화 소개하기 89

04 이미지의 변형점을 드래그하여 슬라이드 화면에 맞게 크기를 확대해요.

05 〔삽입〕 탭에서 〔텍스트 상자(🗐)〕를 클릭한 다음 '가로 텍스트 상자'를 선택해요. 드래그하여 '경주 역사 문화 여행 5학년 2반 최민우'를 두 줄로 입력한 다음 〔홈〕 탭에서 글꼴과 글꼴 크기, 글꼴 색을 지정해요.

- **글꼴** : 나눔손글씨 펜
  글꼴 크기 : 60, 36
  글꼴 색 : 검정, 텍스트 1

2 이미지 프레임 적용하기

01 2번 슬라이드를 선택하고 14 폴더에서 '불국사.jpg' 파일의 이미지를 삽입해요. 〔서식〕 탭에서 '단순형 프레임, 흰색'을 선택해요.

02 3번 슬라이드를 선택하고 14 폴더에서 '불국사 다보탑.jpg' 파일의 이미지를 삽입해요.

03 이미지의 변형점을 드래그하여 그림과 같이 크기를 축소해요.

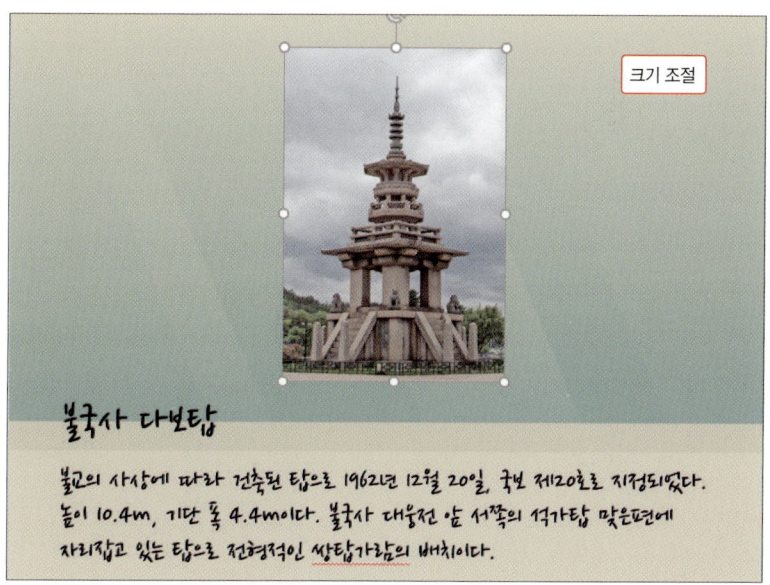

04 [서식] 탭에서 '단순형 프레임, 흰색'을 선택해요.

 **3** 이미지 자유롭게 자르기

01 4번 슬라이드를 선택하고 14 폴더에서 '감은사지 삼층 석탑.jpg' 파일의 이미지를 삽입해요. 〔서식〕 탭에서 〔자르기( )〕를 클릭한 다음 그림과 같이 변형점을 드래그하여 잘라요.

02 자른 이미지를 그림과 같이 배치해요.

03 〔서식〕 탭에서 '단순 프레임, 흰색'을 선택하여 완성해요.

01 ▸ 제주 관광 여행 소개를 위한 자료를 만들어 보세요.

● **예제파일** : 14_제주 관광 여행.pptx, 성산일출봉.jpg, 용두암.jpg, 천제연 폭포.jpg　● **완성파일** : 14_제주 관광 여행(완성).pptx

❶ 각 슬라이드에 이미지를 불러와요.
❷ 그림 스타일을 '대각선 방향의 모서리 잘림, 흰색'으로 적용해요.

수업 15 화면 전환으로 박물관 관람기 만들기

박물관에 다녀와 전시 해설가의 설명을 들으며 관람했어요. 친구들에게 박물관을 소개하고 느낀점을 발표하기 위해 박물관 이미지에 프레임을 적용하고, 슬라이드 화면 전환 효과를 적용하여 관람기를 만들어 보세요.

학습목표
- 이미지에 프레임을 적용해 보세요.
- 슬라이드에 화면 전환을 적용해 보세요.
- 화면 전환의 옵션을 변경해 보세요.

● 예제파일 : 15_박물관 관람기.pptx   ● 완성파일 : 15_박물관 관람기(완성).pptx

각 슬라이드의 박물관 이미지에 흰색 프레임을 적용했어요.

슬라이드에 화면 전환을 적용하여 재미를 주었어요.

화면 전환의 옵션을 변경하여 효과의 방향을 변경했어요.

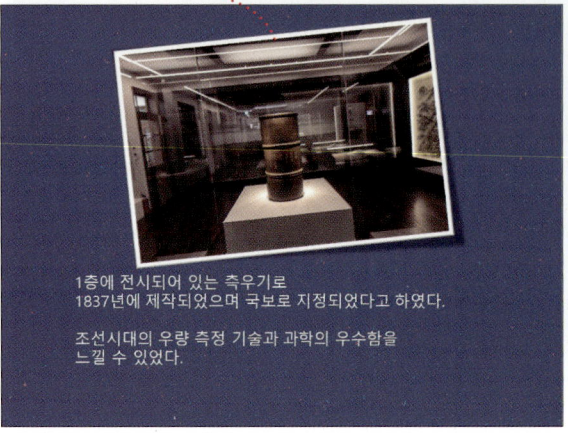

 **1 이미지 프레임 적용하기**

01 15 폴더에서 '박물관 관람기.pptx' 파일을 열어요.

02 2번 슬라이드에서 박물관 이미지를 선택하고 〔서식〕 탭에서 〔자세히(▼)〕를 클릭한 다음 '회전, 흰색'을 선택해요.

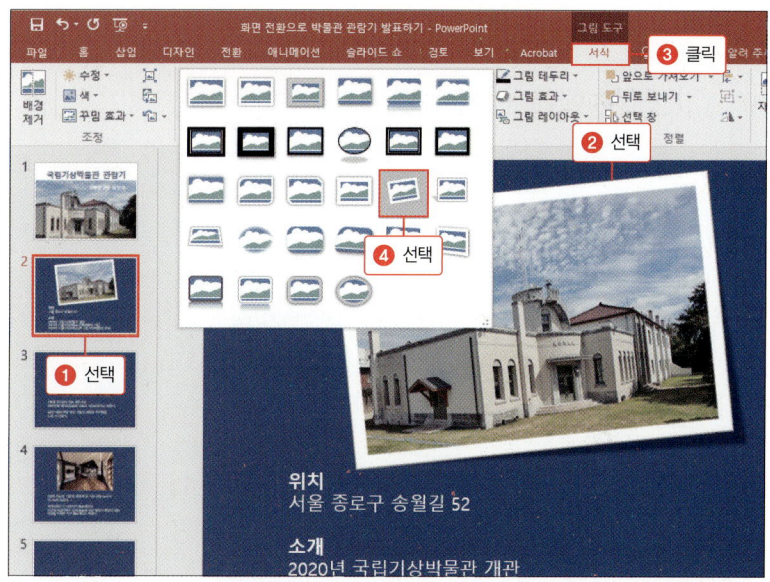

03 〔그림 테두리〕를 클릭하여 두께를 지정해요.
- 두께 : 6pt

15 • 화면 전환으로 박물관 관람기 만들기

04 2번 슬라이드와 같이 3, 4번 슬라이드의 이미지에도 이미지 프레임과 두께를 지정해요.

- 그림 스타일 : 회전, 흰색
  두께 : 6pt

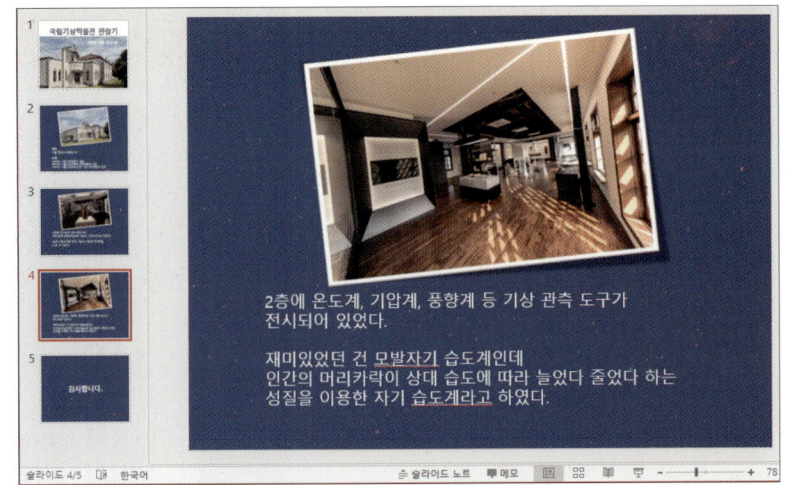

2 슬라이드에 화면 전환 적용하기

01 1번 슬라이드를 선택하고 〔전환〕 탭에서 〔자세히()〕를 클릭한 다음 '나누기'를 선택해요.

〔전환〕 탭에서 〔미리보기()〕를 클릭하면 전환되는 화면을 확인할 수 있어요.

WHY? 슬라이드 문서의 화면 전환을 손쉽게 할 수 있어요.

02 화면이 양쪽으로 나누어지면서 표시되는 효과가 적용되었어요.

03 2번 슬라이드를 선택하고 〔전환〕 탭에서 〔자세히(▼)〕를 클릭한 다음 '바람'을 선택해요.

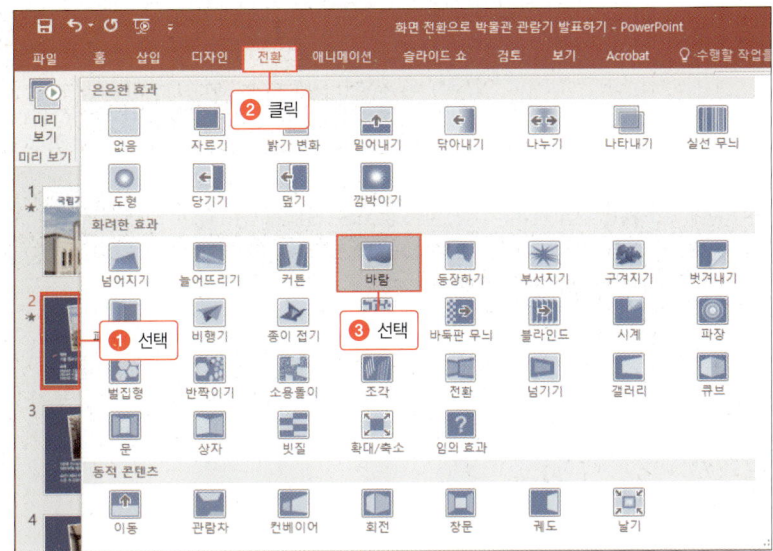

04 바람에 휘날리듯이 앞 슬라이드가 사라지면서 해당 슬라이드가 표시되는 효과가 적용되었어요.

05 2번 슬라이드와 같이 3, 4번 슬라이드의 이미지도 '바람'으로 화면 전환을 적용해요.

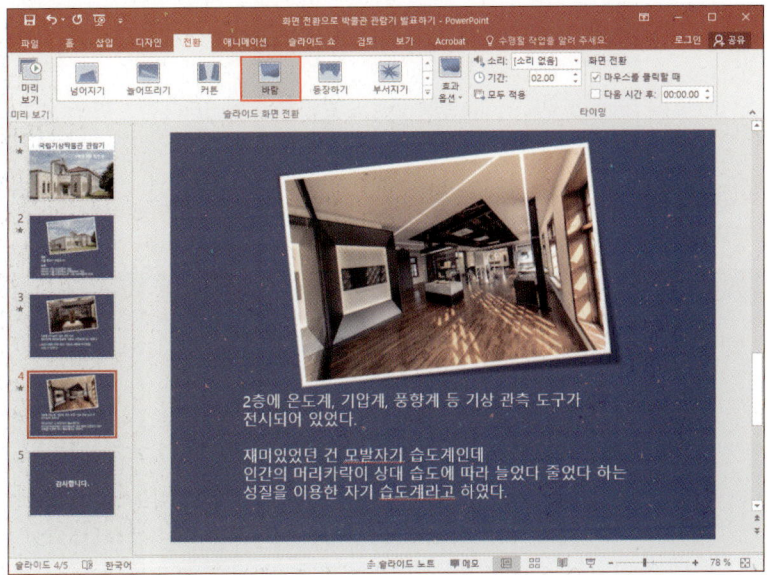

06 5번 슬라이드를 선택하고 [전환] 탭에서 [자세히(▽)]를 클릭한 다음 '나누기'를 선택해요. [효과 옵션(◈)]을 클릭한 다음 '세로 안쪽으로'를 선택해요.

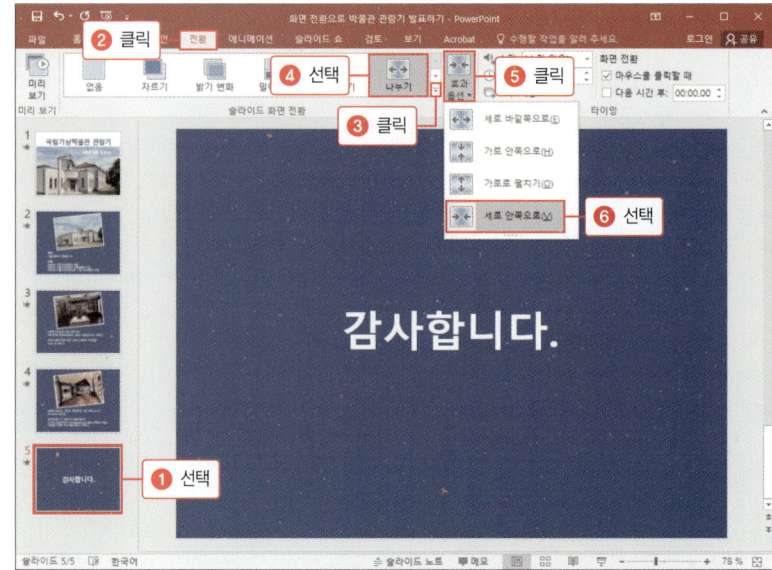

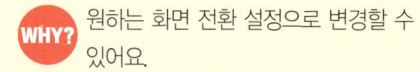
WHY? 원하는 화면 전환 설정으로 변경할 수 있어요.

07 1번 슬라이드를 선택하고 슬라이드 하단에 [슬라이드 쇼(🖵)]를 클릭한 다음 Enter를 누르면 전환되는 슬라이드 화면을 확인할 수 있어요.

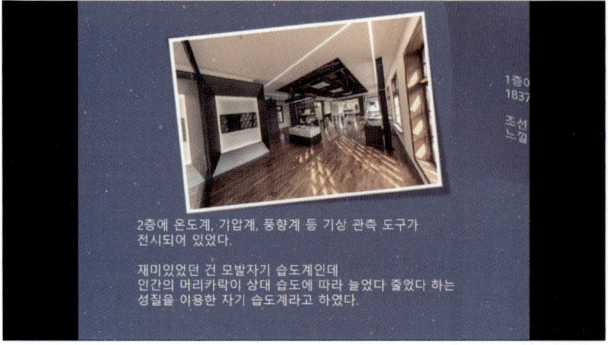

01 ▶ 서울새활용플라자 소개를 위한 자료를 만들어 보세요.

● **예제파일** : 15_서울새활용플라자.pptx   ● **완성파일** : 15_서울새활용플라자(완성).pptx

지구 자원의 생산과 소비가 선순환하는 도시, 서울로 거듭나기 위해 서울시는 「자원순환도시 서울시 비전 2030」을 선언하고 실천 노력의 하나로 <서울새활용플라자>를 재생 특구인 성동구 장안평에 2017년 9월 열었습니다.

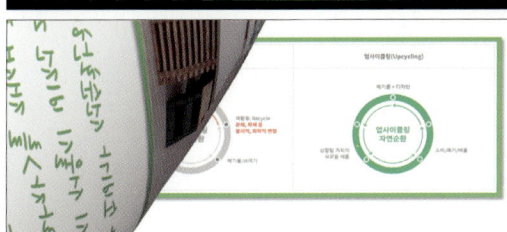

자원에 디자인을 더하거나 활용방법을 바꿔 새로운 가치를 만들어내는 업사이클링(Upcycling)의 우리말입니다.
물건을 처음 만들 때부터 환경과 자원을 생각하며 쓸모가 없어진 후까지 고려하는 것, 물건을 가치 있게 오래 사용하도록 의미를 담아서 만드는 것 까지 - 새활용은 환경을 지키고 자원순환을 실천할 수 있는 자원순환의 새로운 방법입니다.

 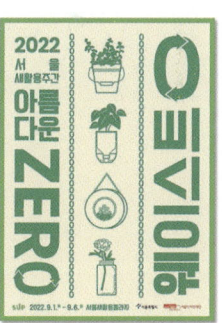

디자인 전시회
제로 웨이스트, 새활용 아이템을 소지하는 것만으로 나는 환경지킴이!

 ❶ 그림 스타일을 '단순형 프레임, 검정'으로 적용하고, 테두리 색상 및 두께를 변경해요.
❷ 각각 슬라이드에 화면 전환을 '블라인드', '벗겨내기'로 적용해요.

16 수업 디자인 테마로 가족 캠핑 여행기 만들기

체험 학습을 신청해서 가족들과 캠핑을 다녀왔어요. 파워포인트 2016에서 제공하는 디자인 테마를 활용하고, 이미지를 삽입하여 멋진 캠핑 여행기를 만들어 보세요.

- 새 프레젠테이션을 만들어 보세요.
- 슬라이드에 디자인 테마를 적용해 보세요.
- 디자인 테마에 글자와 이미지를 삽입해 보세요.

● 예제파일 : 16_타프 설치.jpg, 텐트 설치.jpg, 타프 텐트 철수.jpg, 캠프파이어.jpg   ● 완성파일 : 16_가족 캠핑 여행기(완성).pptx

새로운 문서에 디자인 테마를 적용했어요.

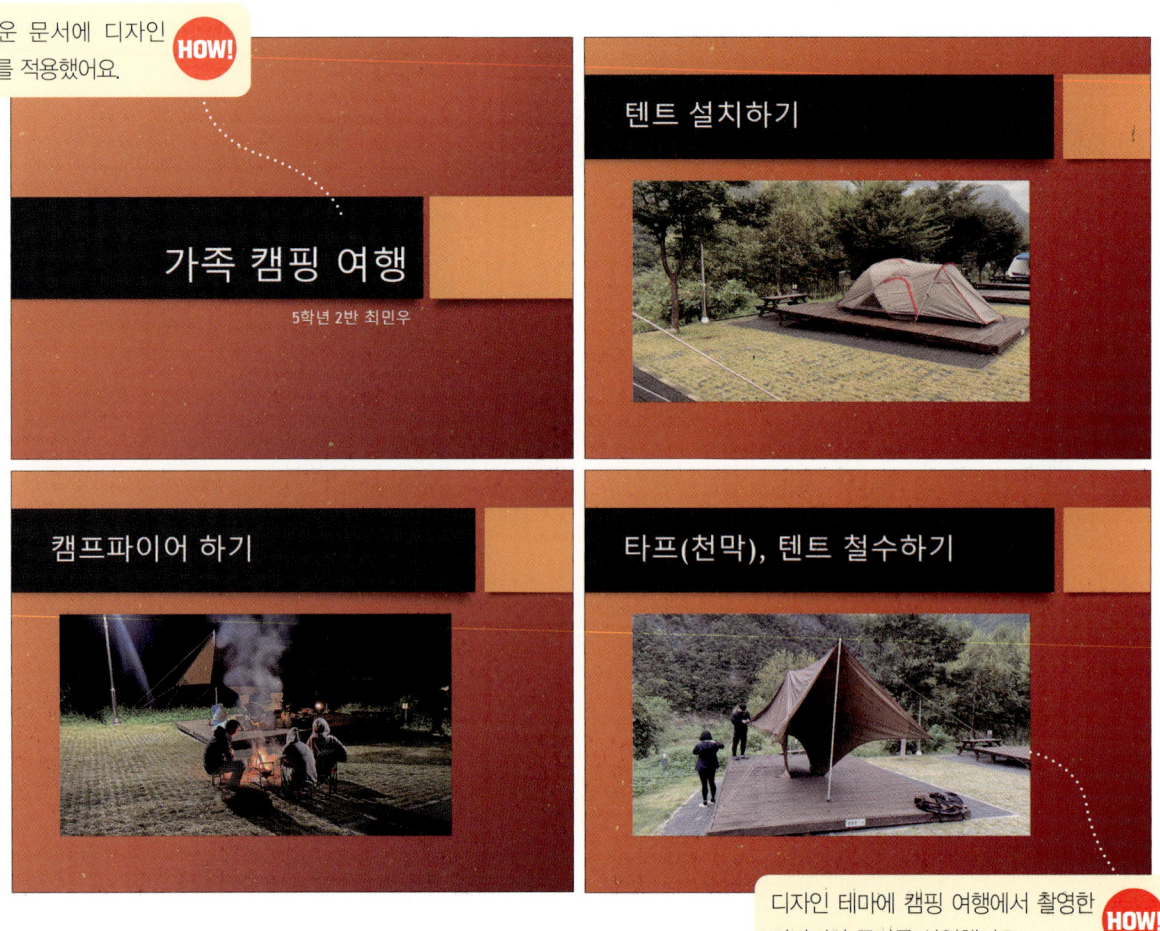

디자인 테마에 캠핑 여행에서 촬영한 이미지와 글자를 삽입했어요.

1 디자인 테마 적용하기

01 파워포인트 2016 프로그램을 실행하고 〔새 프레젠테이션〕을 클릭해요.

 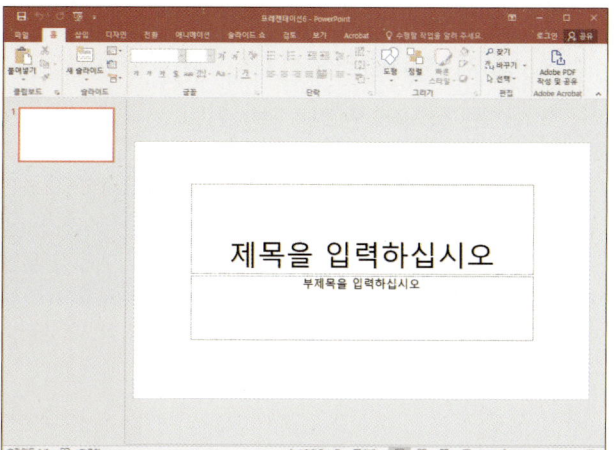

02 〔디자인〕 탭에서 〔슬라이드 크기(□)〕를 클릭한 다음 '표준(4:3)'을 선택해요.

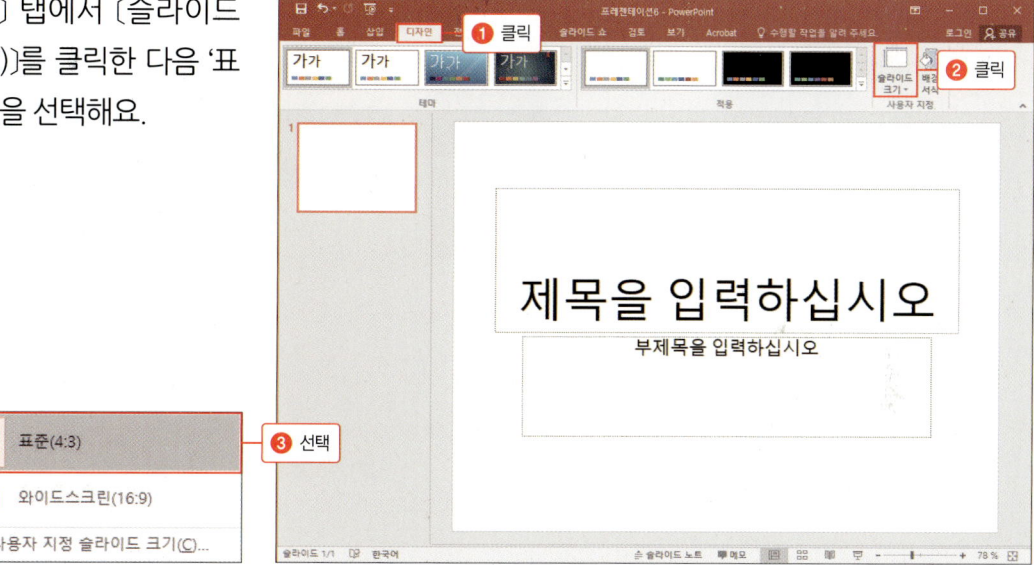

03 〔디자인〕 탭에서 '베를린'을 선택해요.

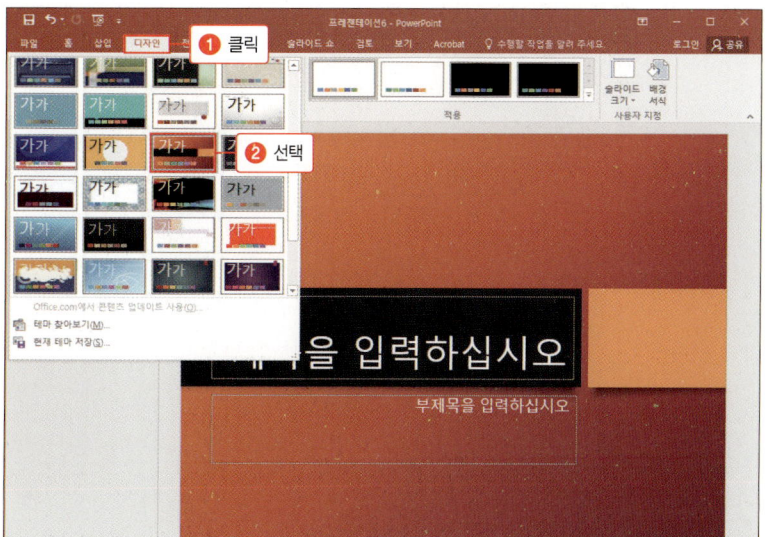

WHY? [디자인 테마]를 활용하면 간단한 슬라이드 문서를 빠르게 만들 수 있어요.

 **2 글자 입력하고 이미지 삽입하기**

01 '제목을 입력하십시오' 텍스트 상자에 '가족 캠핑 여행'을, '부제목을 입력하십시오' 텍스트 상자에 '5학년 2반 최민우'를 입력해요.

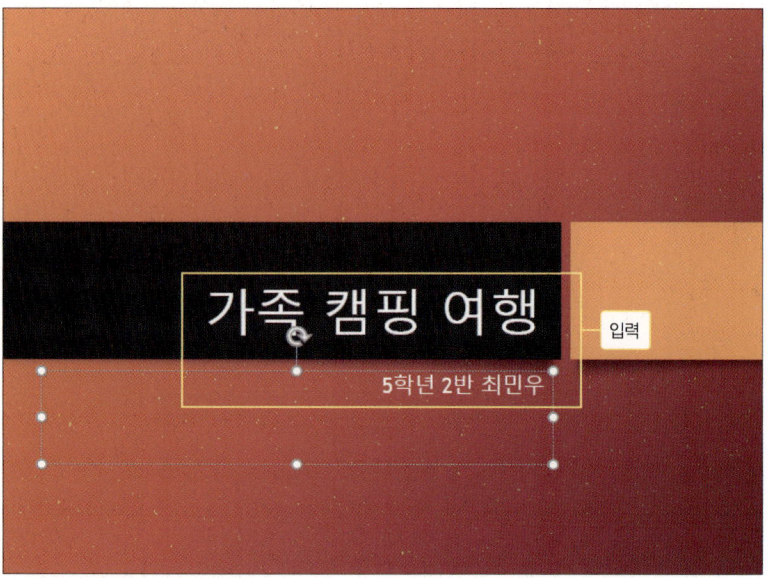

02 슬라이드를 마우스 오른쪽 버튼으로 클릭한 다음 '새 슬라이드'를 선택해요.

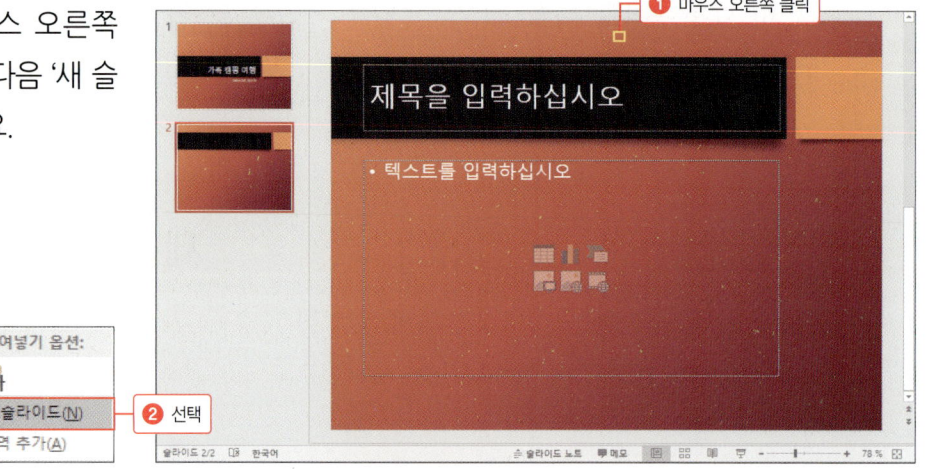

03 새 슬라이드가 추가되면 '제목을 입력하십시오' 텍스트 상자에 '타프(천막) 설치하기'를 입력해요.

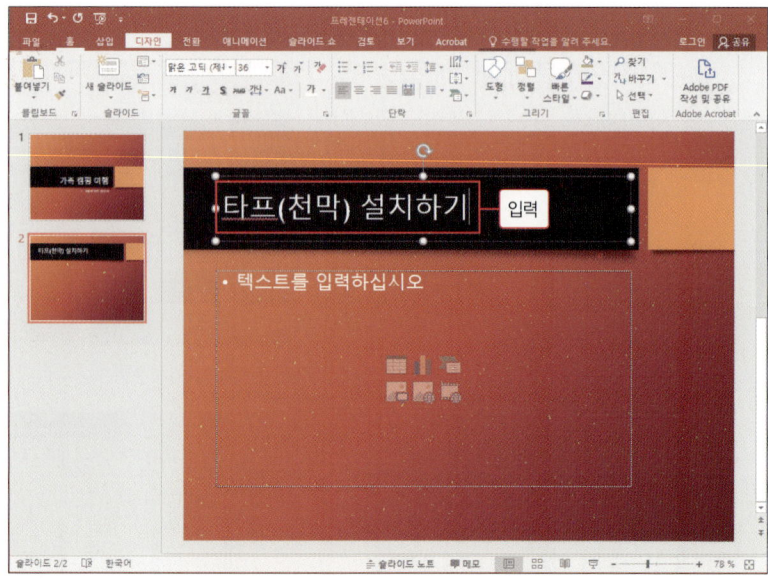

04 '텍스트를 입력하십시오' 텍스트 상자에서 〔그림 삽입(📷)〕을 클릭해요.

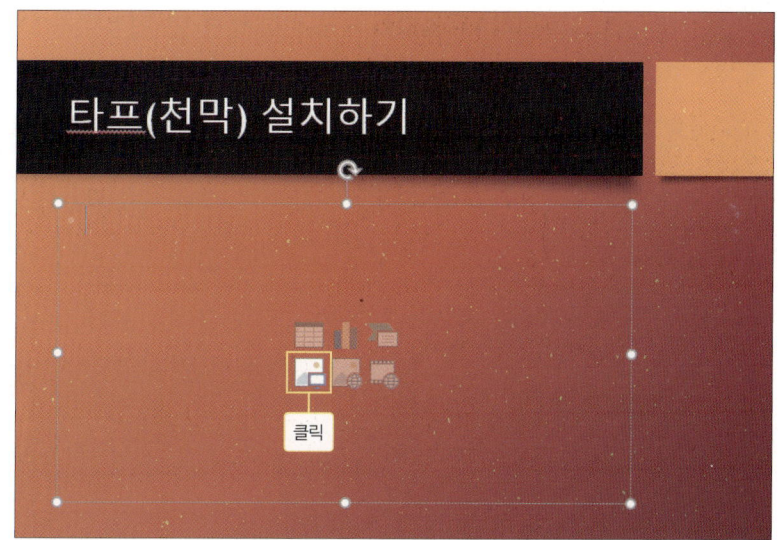

05 〔그림 삽입〕 대화상자가 표시되면 16 폴더에서 '타프 설치.jpg' 파일을 선택한 다음 〔삽입〕을 클릭하면 이미지가 삽입돼요.

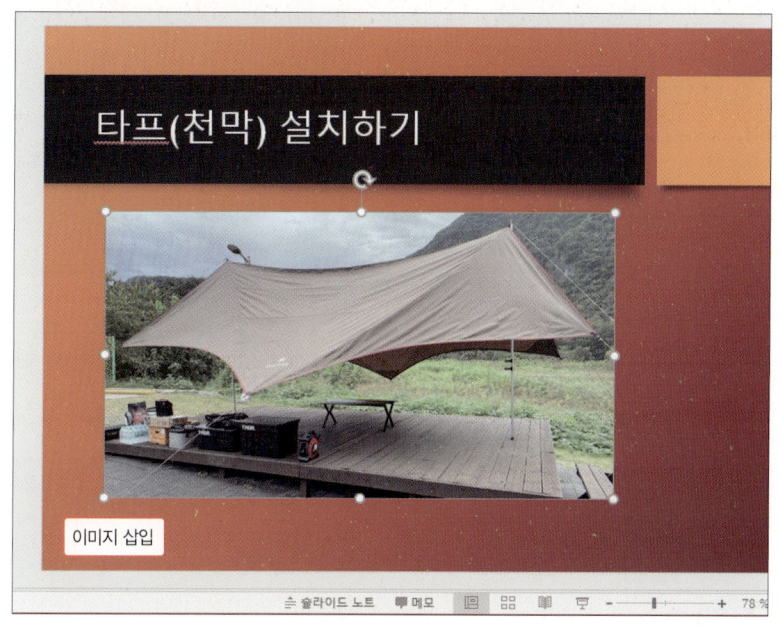

06 슬라이드를 복사하여 '텐트 설치하기'로 변경한 다음 16 폴더에서 '텐트 설치.jpg' 파일의 이미지를 삽입해요.

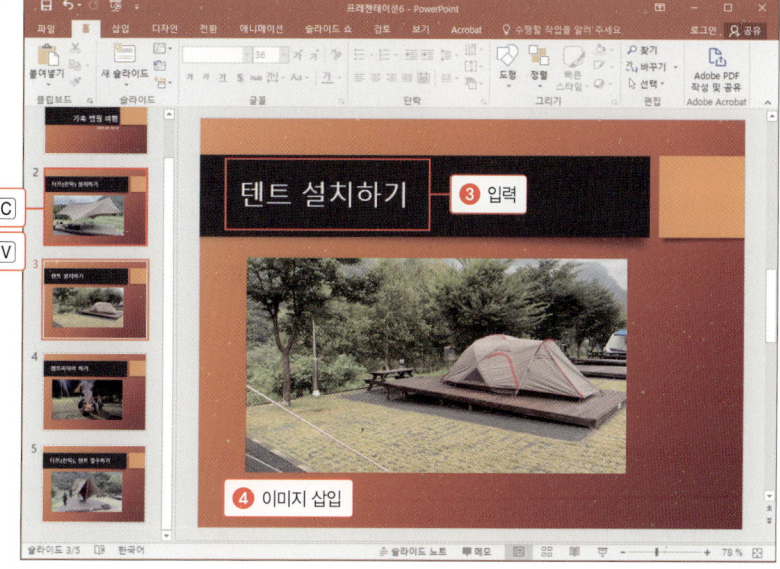

07 슬라이드를 복사하여 '캠프파이어 하기'로 변경한 다음 16 폴더에서 '캠프파이어.jpg' 파일의 이미지를 삽입해요.

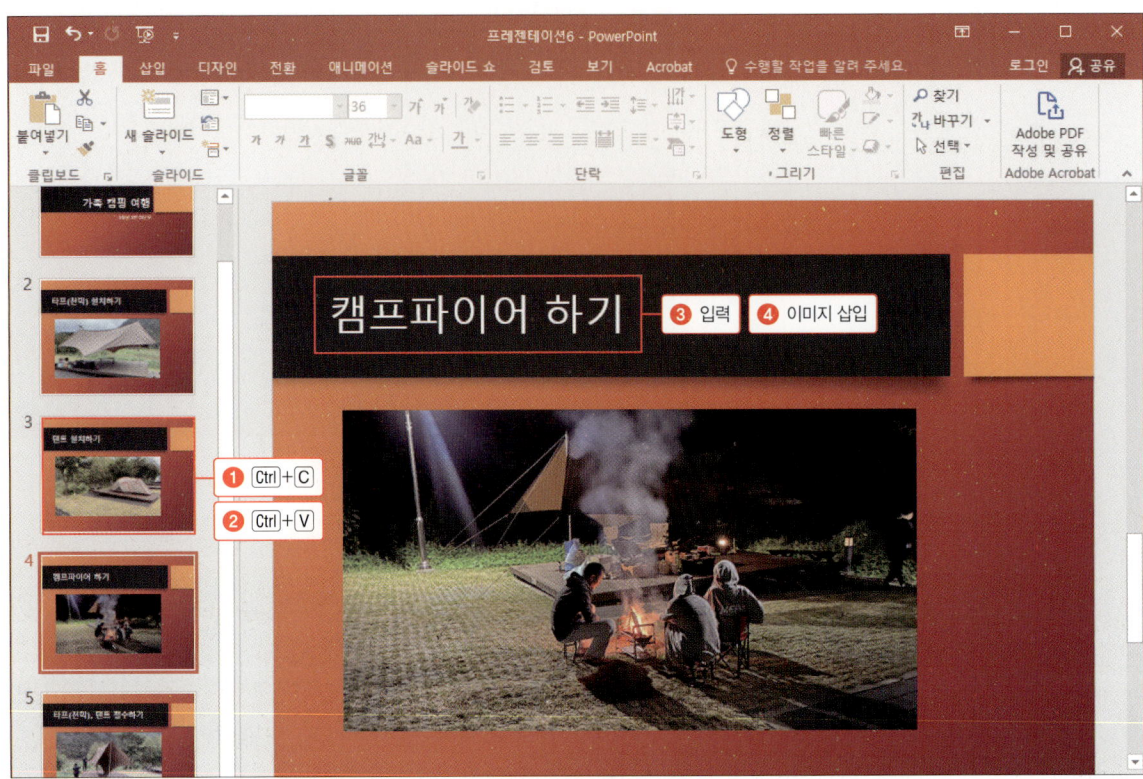

08 슬라이드를 복사하여 '타프(천막), 텐트 철수하기'로 변경한 다음 16 폴더에서 '타프 텐트 철수.jpg' 파일의 이미지를 삽입해 완성해요.

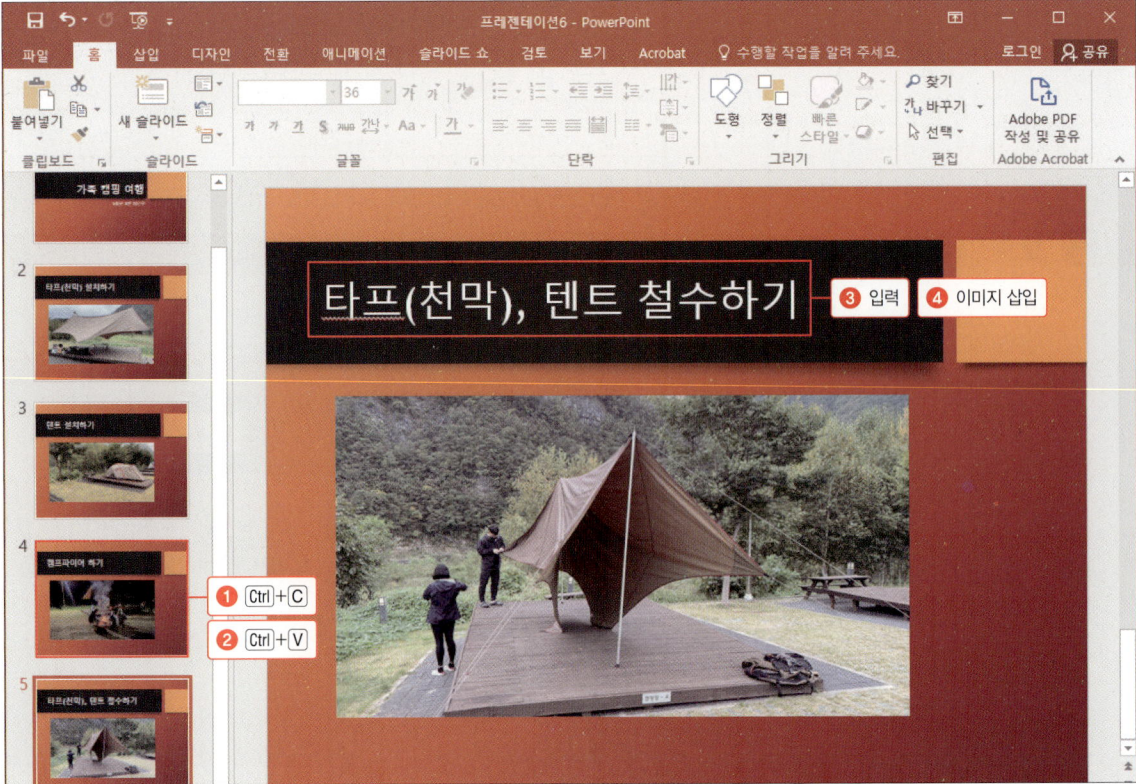

01 ▶ 경복궁 관람 이미지를 이용하여 슬라이드를 만들어 보세요.

● 예제파일 : 16_경회루.jpg, 광화문.jpg, 근정전.jpg ● 완성파일 : 16_경복궁(완성).pptx

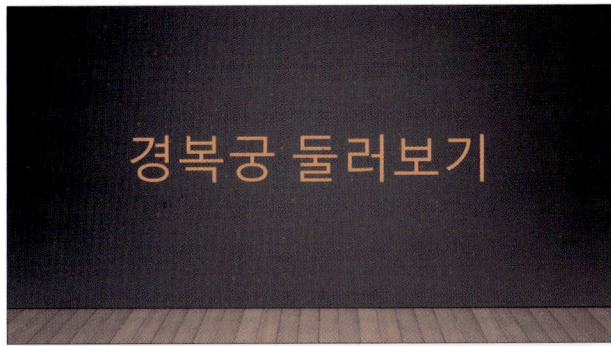

① '갤러리' 테마로 슬라이드를 만들어요.
② 이미지를 가로 '16:9' 비율로 잘라요.
③ 이미지를 확대하여 배치해요.

16 • 디자인 테마로 가족 캠핑 여행기 만들기

17 수업 스마트아트로 구기 종목 안내 만들기

스마트아트는 멋진 그래픽 표현을 적용할 수 있도록 도와 주는 기능이에요. 구기 종목을 알아보기 위해 스마트아트의 스타일을 변경하고 이미지와 글자를 삽입하여 만들어 보세요.

학습목표
- 스마트아트로 문서를 만들어 보세요.
- 스마트아트에 이미지와 글자를 삽입해 보세요.
- 스마트아트 스타일을 변경해 보세요.

● 예제파일 : 17_구기 종목 안내.pptx, 농구.png, 야구.png, 축구.png, 구기 종목 설명.txt ● 완성파일 : 17_구기 종목 안내(완성).pptx

스마트아트로 그래픽 효과가 적용된 표를 만들었어요. **HOW!**

스마트아트에 글자와 이미지를 삽입했어요. **HOW!**

스마트아트 스타일을 변경했어요. **HOW!**

1 스마트아트 그래픽 선택하기

01 17 폴더에서 '구기 종목 안내.pptx' 파일을 연 다음 〔삽입〕 탭에서 〔SmartArt()〕를 클릭해요. 〔SmartArt 그래픽 선택〕 대화상자가 표시되면 '목록형'을 선택하고, '그림 강조 벤딩 목록형'을 선택한 다음 〔확인〕을 클릭해요.

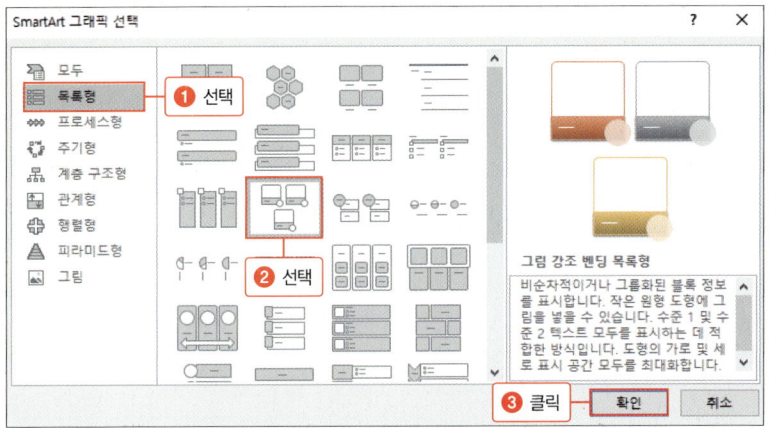

02 선택한 스마트아트 그래픽이 삽입되었어요.

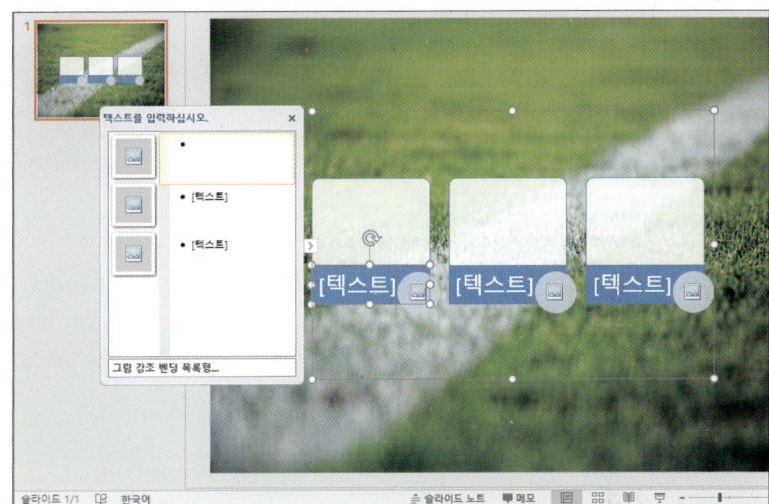

2 스마트아트에 이미지와 글자 삽입하기

01 〔그림 삽입()〕을 클릭한 다음 '파일에서'를 선택해요. 〔그림 삽입〕 대화상자가 표시되면 17 폴더에서 '농구.png' 파일을 선택한 다음 〔삽입〕을 클릭해요.

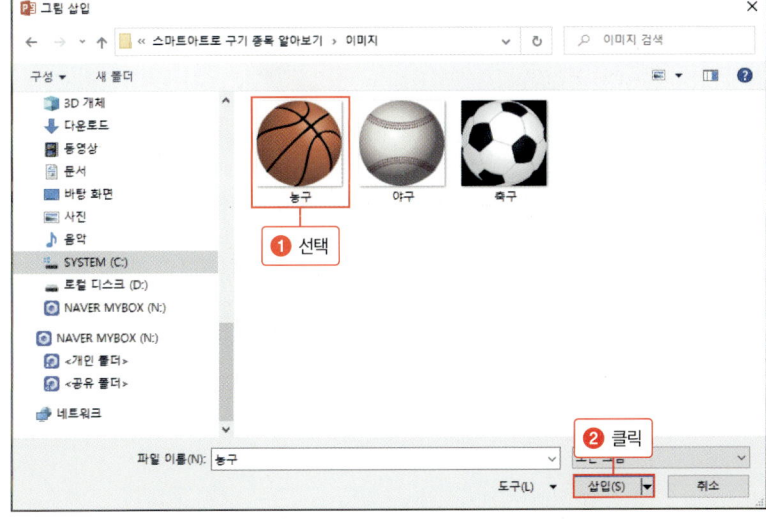

02 첫 번째 이미지 상자에 농구 이미지가 삽입되었어요.

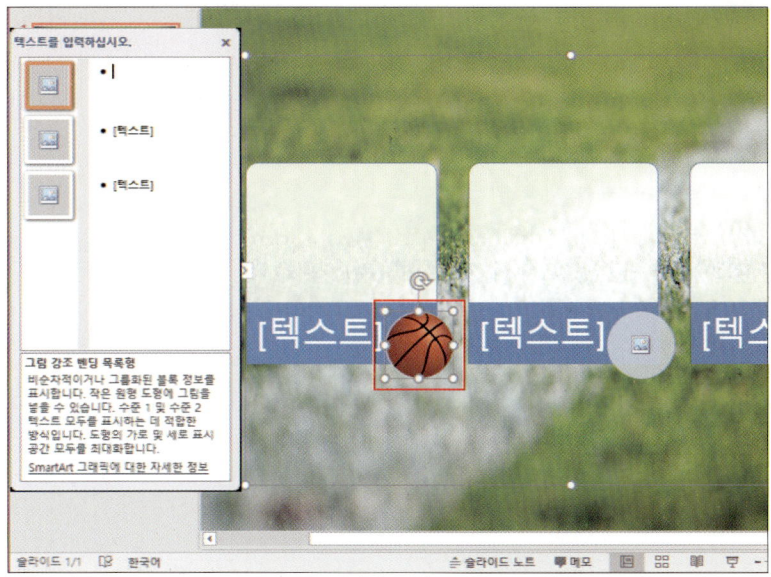

03 같은 방법으로 17 폴더에서 '야구.png', '축구.png' 파일의 이미지도 삽입해요.

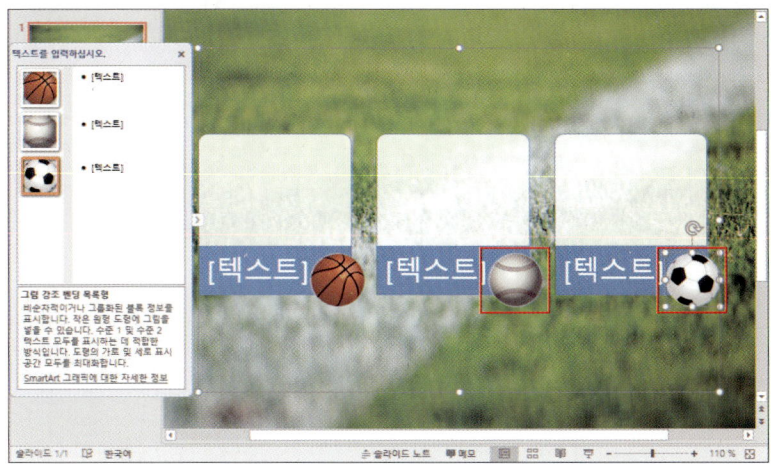

04 그림과 같이 각각 이미지 옆에 '농구', '야구', '축구'를 입력해요.

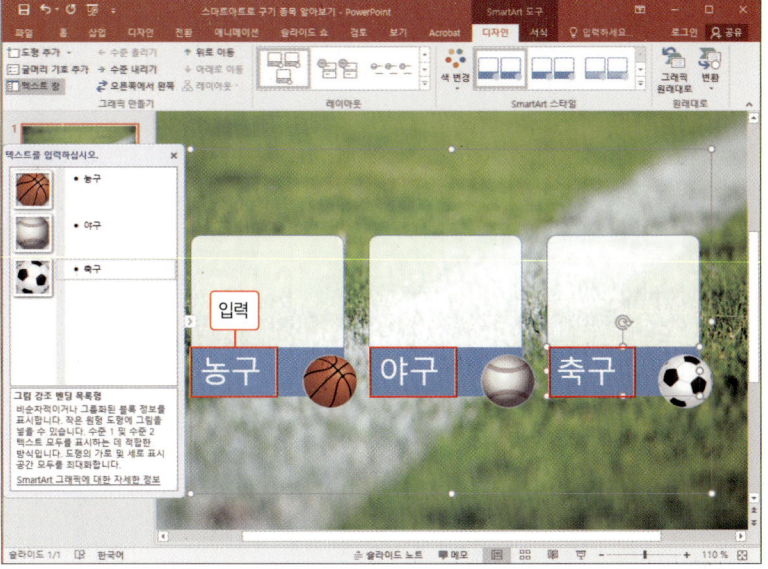

05 텍스트 상자를 각각 클릭하여 해당 내용을 입력해요.

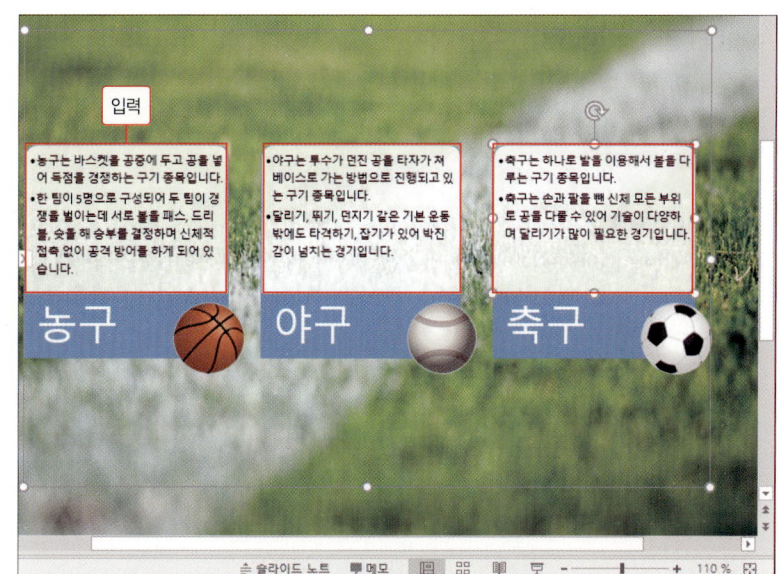

 내용은 17 폴더에서 '구기 종목 설명.txt' 파일을 참고하여 입력해요.

 3 스마트아트 스타일 변경하기

01 〔디자인〕 탭에서 〔색 변경〕을 클릭한 다음 '색상형 범위 - 강조색 5 또는 6'을 선택해요.

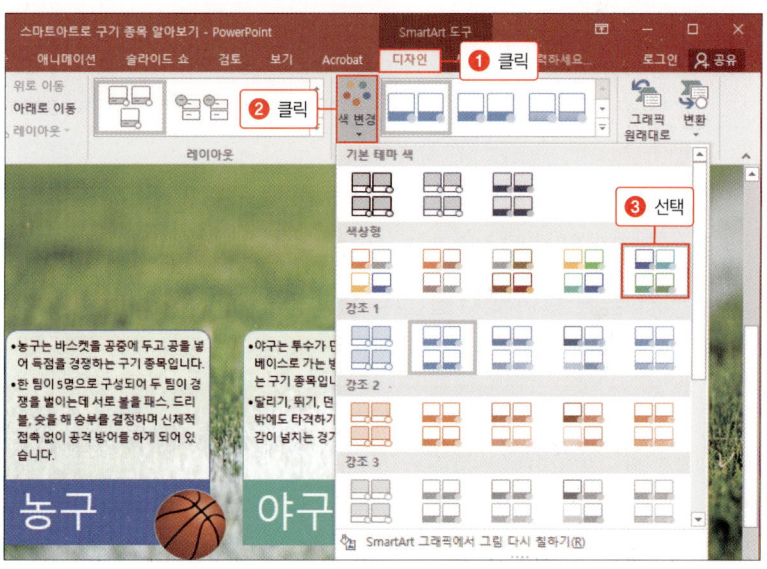

02 선택한 스타일로 스마트아트의 색상이 변경되었어요.

17 · 스마트아트로 구기 종목 안내 만들기 **109**

03 스마트아트의 변형점을 드래그하여 그림과 같이 확대해요.

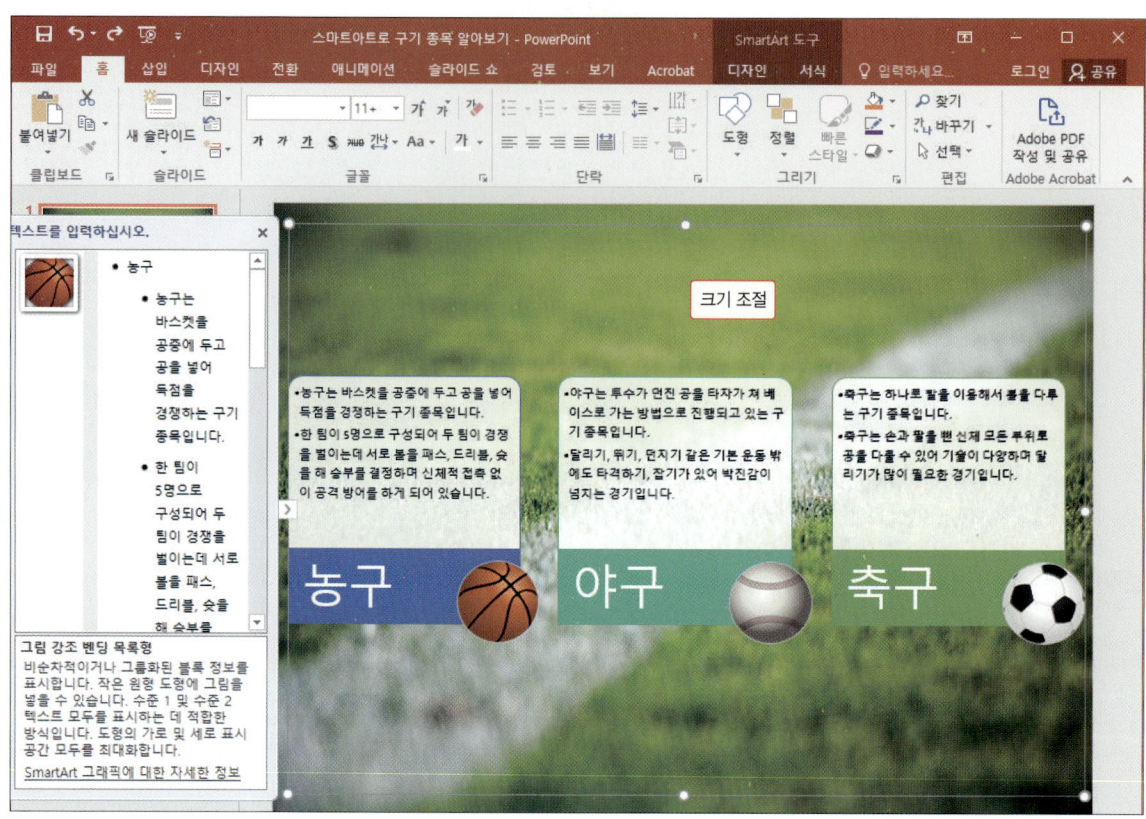

04 스마트아트의 '농구', '야구', '축구' 글자와 설명글 변형점을 드래그하여 그림과 같이 배치해요. 〔삽입〕 탭에서 〔텍스트 상자(	)〕를 클릭한 다음 '가로 텍스트 상자'를 선택하고 드래그하여 '구기 종목 알아보기'를 입력해요. 〔홈〕 탭에서 글꼴과 글꼴 크기, 글꼴 색을 지정해요.

• **글꼴** : 맑은 고딕   **글꼴 크기** : 44   **글꼴 색** : 검정, 텍스트 1

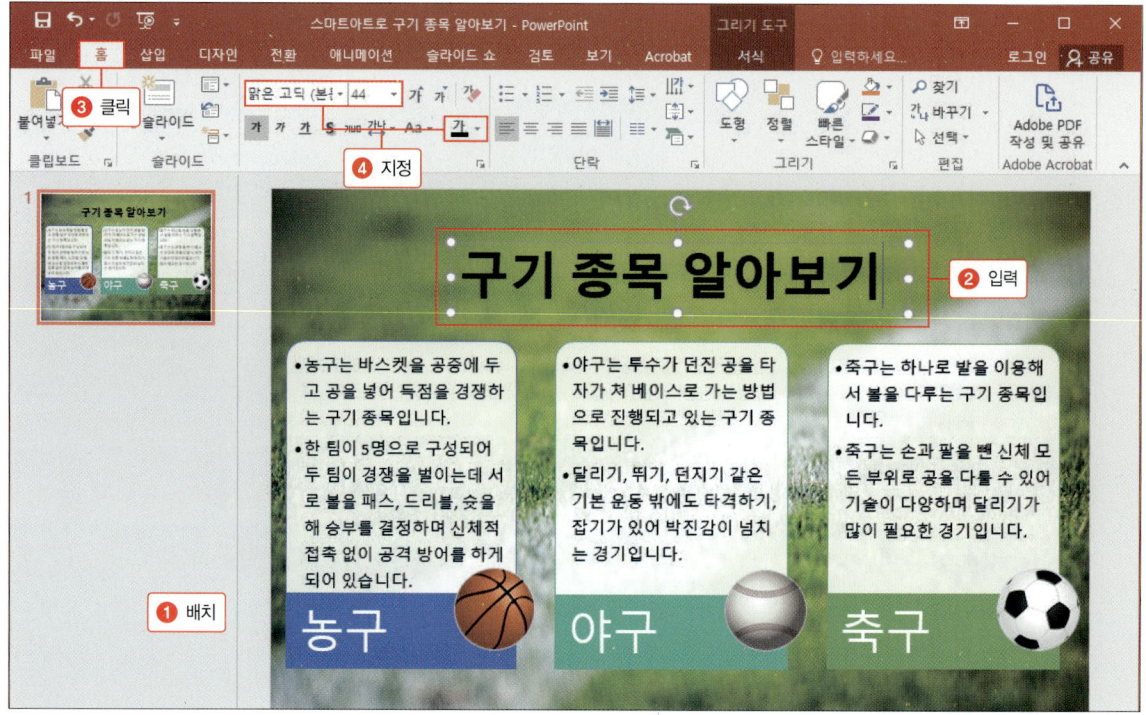

01 ▶ 스마트아트를 이용하여 교통수단 목록을 만들어 보세요.

● 예제파일 : 17_교통수단.pptx ● 완성파일 : 17_교통수단(완성).pptx

① 스마트아트에서 '목록형' → '세로 그림 강조 목록형'을 선택한 다음 [도형 추가]를 설정해요.
② 이미지는 'Bing 이미지 검색'에서 검색하여 삽입해요.

18 차트로 유네스코 등재유산 현황 만들기

차트 도구를 활용하여 데이터를 쉽게 표현할 수 있어요. 유네스코 등재유산 현황을 꺾은선 그래프로 표현하여 한눈에 알아보기 쉽게 만들어 보세요.

- 차트를 만들어 보세요.
- 엑셀 창에 자료 데이터를 입력해 보세요.
- 차트의 선 스타일과 크기를 변경해 보세요.

● 예제파일 : 18_유네스코.pptx   ● 완성파일 : 18_유네스코(완성).pptx

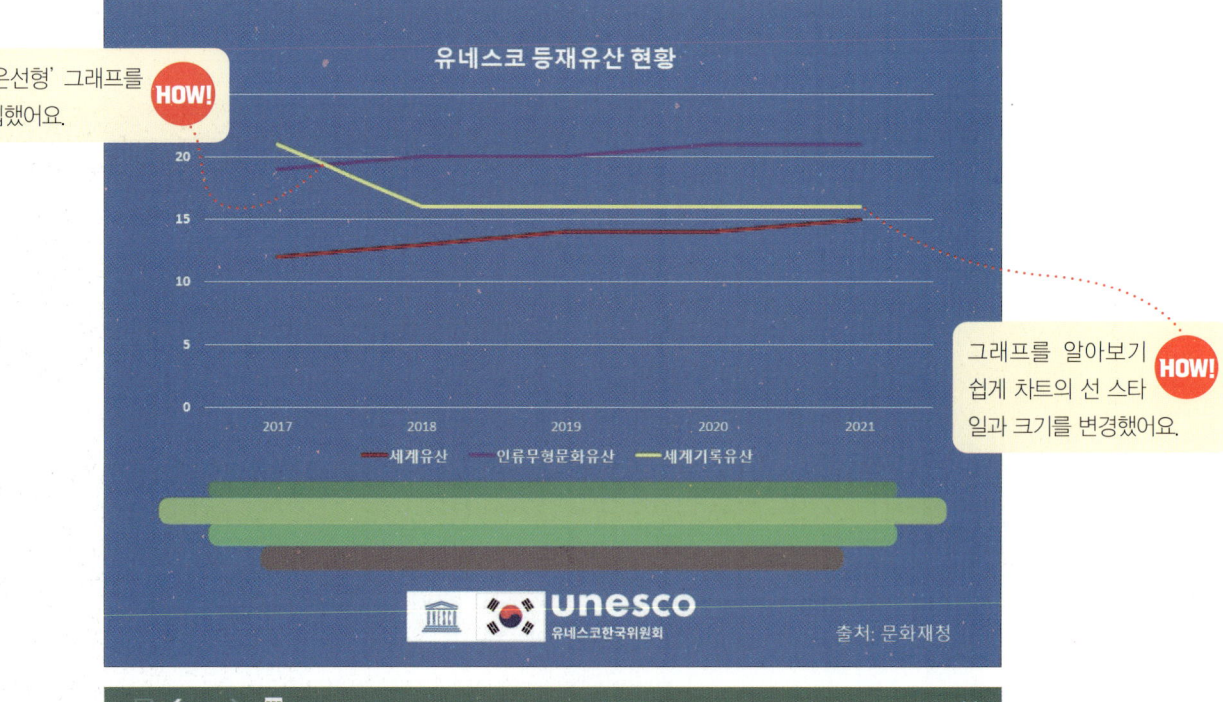

'꺾은선형' 그래프를 삽입했어요. **HOW!**

그래프를 알아보기 쉽게 차트의 선 스타일과 크기를 변경했어요. **HOW!**

엑셀 창에 유네스코 등재유산의 데이터를 입력했어요. **HOW!**

1 차트 삽입하기

01 18 폴더에서 '유네스코.pptx' 파일을 연 다음 〔삽입〕 탭에서 〔차트(📊)〕를 클릭해요. 〔차트 삽입〕 대화상자가 표시되면 '꺾은선형'을 선택하고, 다시 '꺾은선형'을 선택한 다음 〔확인〕을 클릭해요.

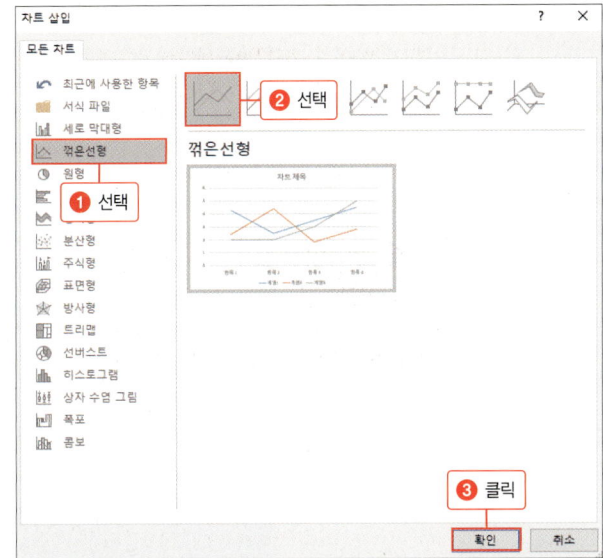

WHY? 〔차트〕를 활용하여 한 눈에 알아볼 수 있는 그래프를 빠르게 그릴 수 있어요.

02 꺾은선형의 차트가 삽입되었으며, 차트의 데이터를 입력할 수 있도록 엑셀 창도 표시돼요.

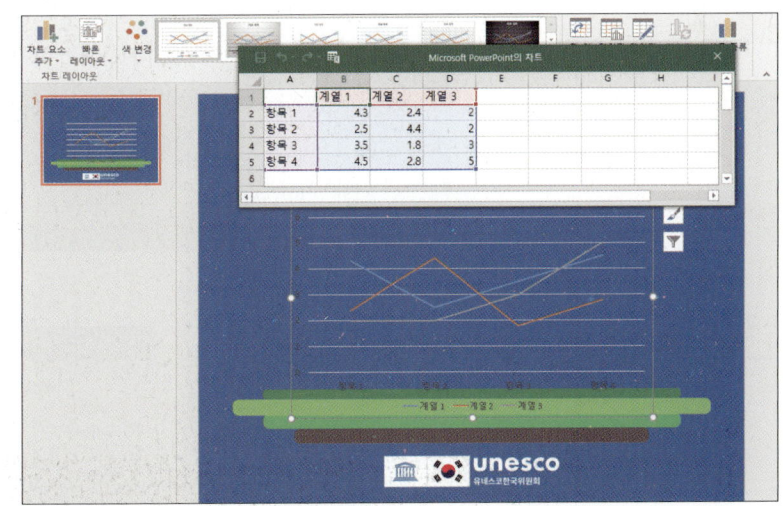

03 차트의 세로축(0~6), 가로축(항목1~항목4), 계열(계열1~계열3)을 모두 선택하고 〔홈〕 탭에서 〔굵게(가)〕를 클릭한 다음 글꼴 색을 지정해요.

• **글꼴 색** : 흰색, 배경 1

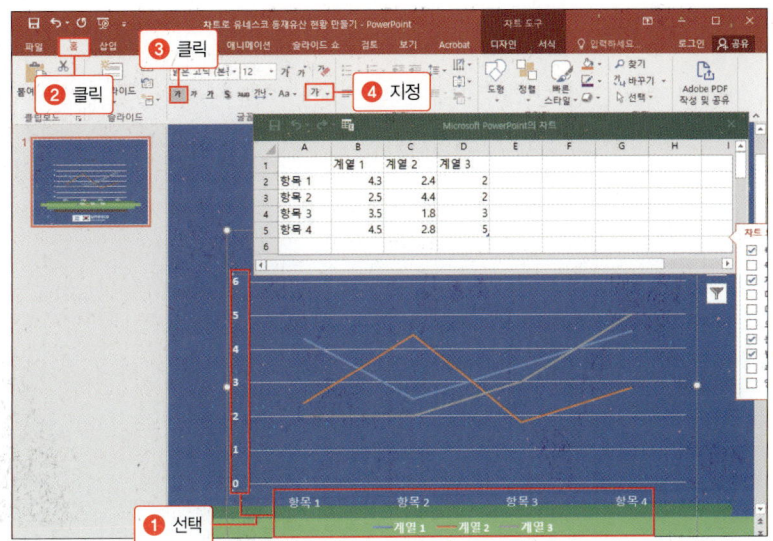

2 엑셀로 데이터 입력하기

01 엑셀 창의 항목 칸에 그림과 같이 '2017~2021', 계열 칸에 '세계유산', '인류무형문화유산', '세계기록유산'을 입력해요.

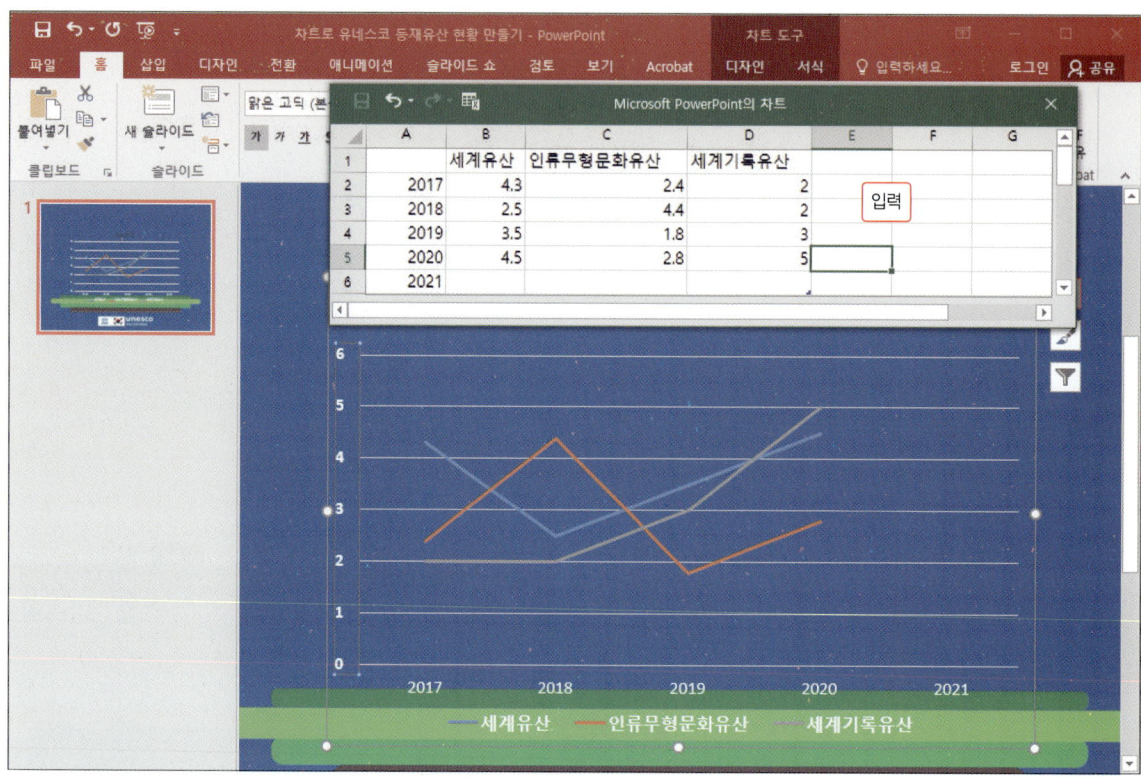

02 엑셀 창에 그림과 같이 숫자를 입력하고 〔닫기()〕를 클릭해요.

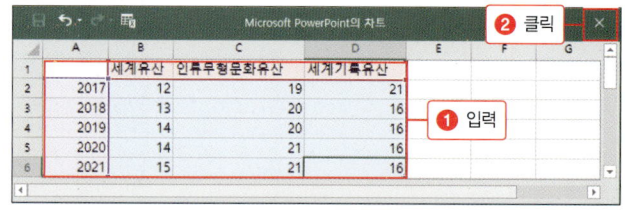

03 입력한 데이터를 기준으로 꺾은선형 차트 형태가 변경되었어요.

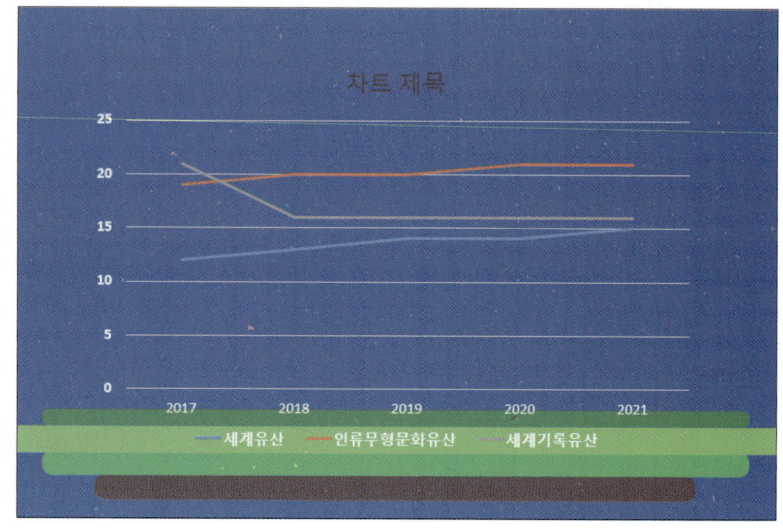

3 차트 선 스타일 변경하고 제목 입력하기

01 차트에서 '세계유산' 선을 선택하고 마우스 오른쪽 버튼을 클릭한 다음 [윤곽선(⧉)]을 클릭하여 색과 두께를 지정해요.

- **윤곽선 색** : 세계유산 – 진한 빨강
  두께 : 3pt

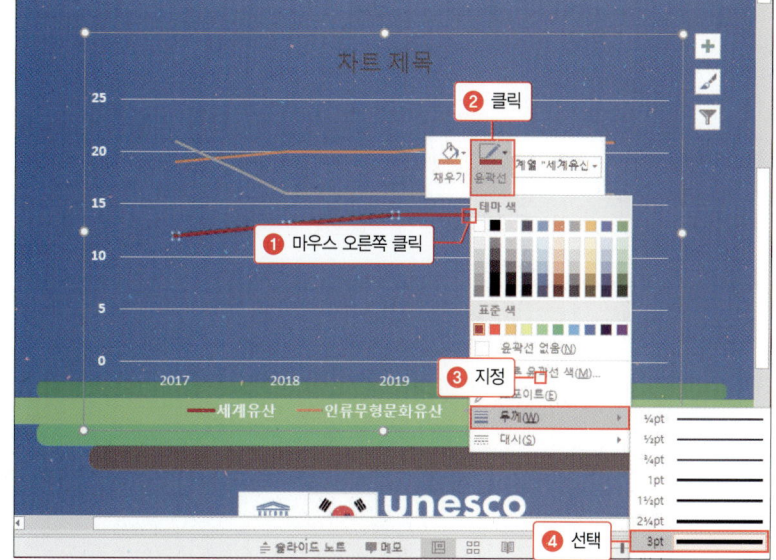

02 나머지 '인류무형문화유산' 선과 '세계기록유산' 선도 선택한 다음 윤곽선의 색과 두께를 지정해요.

- **윤곽선 색** : 인류무형문화유산 – 자주, 세계기록유산 – 노랑
  두께 : 3pt

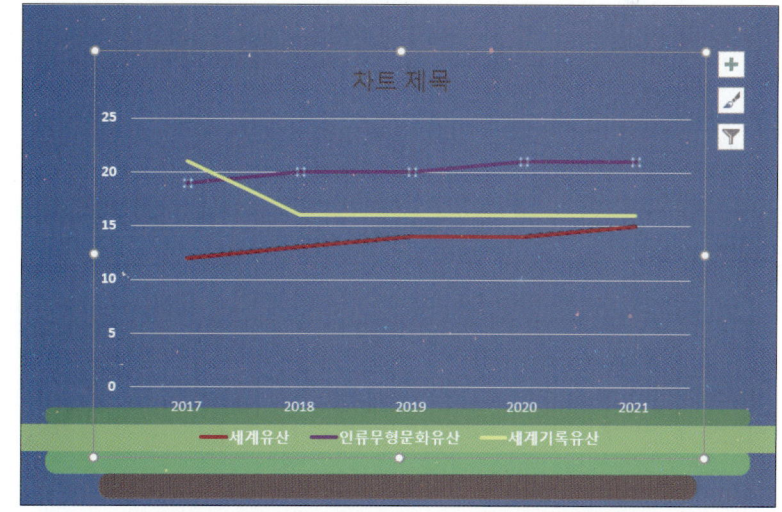

03 '차트 제목' 텍스트 상자를 클릭하여 '유네스코 등재유산 현황'을 입력해요. [홈] 탭에서 [굵게(가)]를 클릭한 다음 글꼴 색을 지정해요.

- **글꼴 색** : 흰색, 배경 1

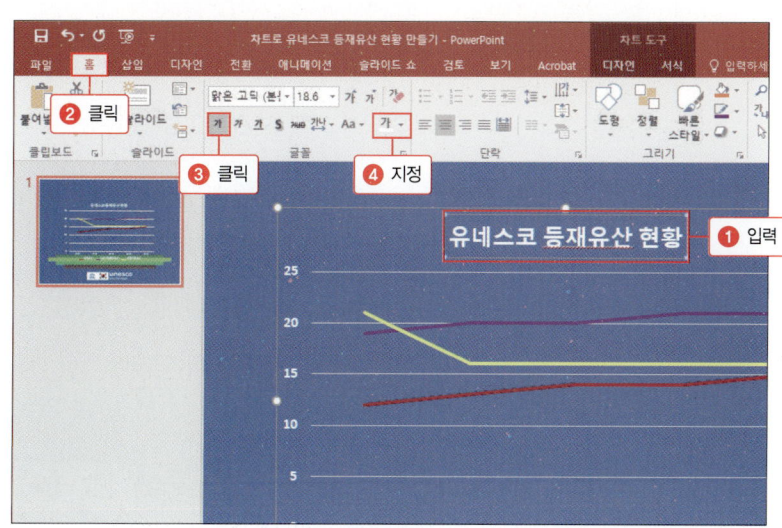

 **4 차트 크기 조절하기**

01 차트의 변형점을 드래그하여 그림과 같이 확대해요.

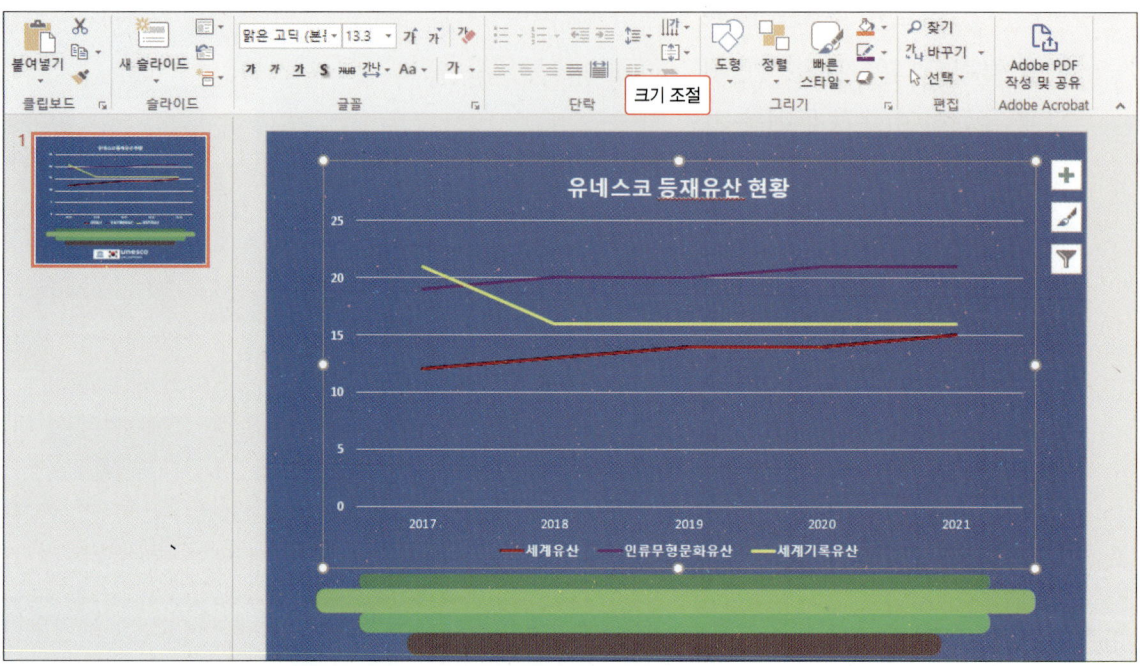

02 〔삽입〕 탭에서 〔텍스트 상자(　)〕를 클릭한 다음 '가로 텍스트 상자'를 선택하고 드래그하여 '출처: 문화재청'을 입력해요. 〔홈〕 탭에서 글꼴과 글꼴 크기, 글꼴 색을 지정하여 완성해요.

- **글꼴** : 맑은 고딕 **글꼴 크기** : 14 **글꼴 색** : 흰색, 배경 1

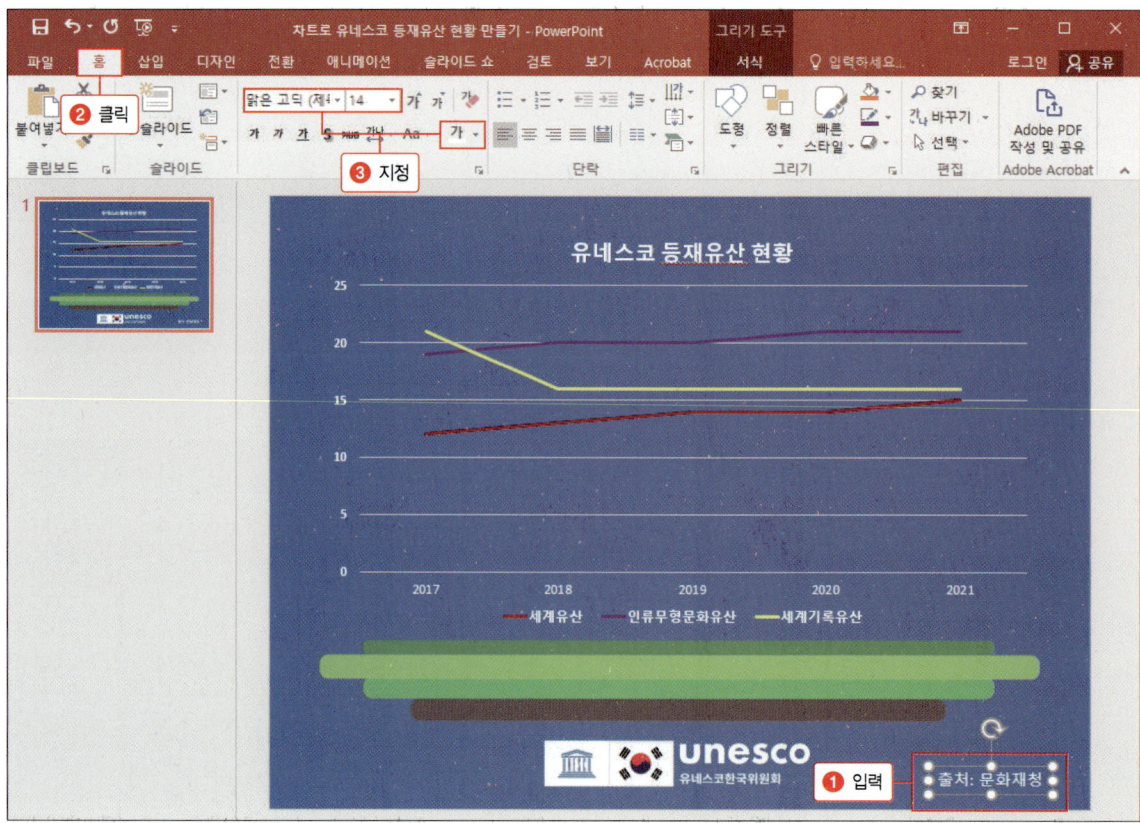

01 ▶ 차트를 삽입하여 수목원 현황을 만들어 보세요.

● 예제파일 : 18_수목원 현황.pptx   ● 완성파일 : 18_수목원 현황(완성).pptx

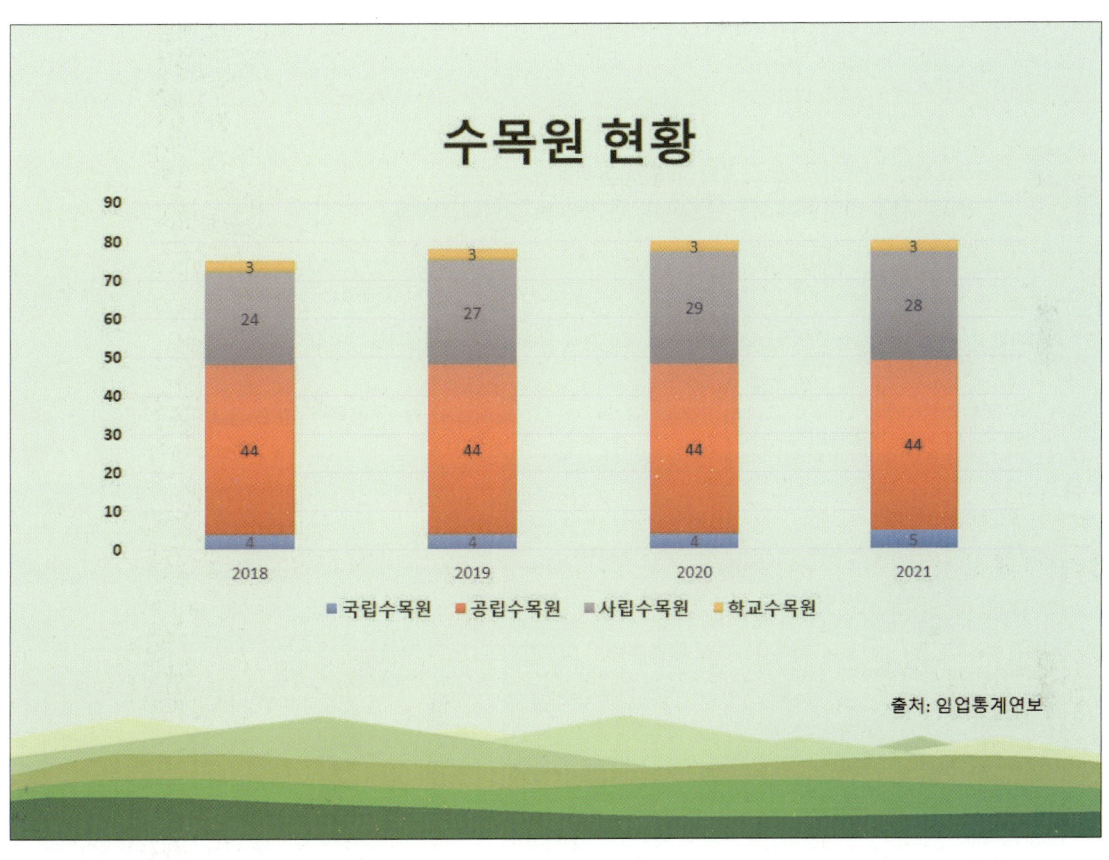

구분	2018	2019	2020	2021
국립수목원	4	4	4	5
공립수목원	44	44	44	44
사립수목원	24	27	29	28
학교수목원	3	3	3	3

① 차트에서 '세로 막대형' → '누적 세로 막대형'을 선택하여 차트를 만들어요.
② 위의 표를 참고하여 차트 데이터를 입력해요.

19 하이퍼링크로 직업 소개하기

수업

하이퍼링크는 한 번의 클릭으로 연결된 동영상, 웹 페이지로 이동할 수 있어요. 직업을 소개하기 위해 직업에 대해 작성하고 이미지에 하이퍼링크를 적용하여 만들어 보세요.

 학습목표
- 글자를 입력하고 줄 간격을 변경해 보세요.
- 이미지에 하이퍼링크를 적용하고, 웹 주소를 입력해 보세요.

 ● 예제파일 : 19_직업 소개.pptx, 아이들.png, 학예사.jpg, 로고.png, 학예사.txt   ● 완성파일 : 19_직업 소개(완성).pptx

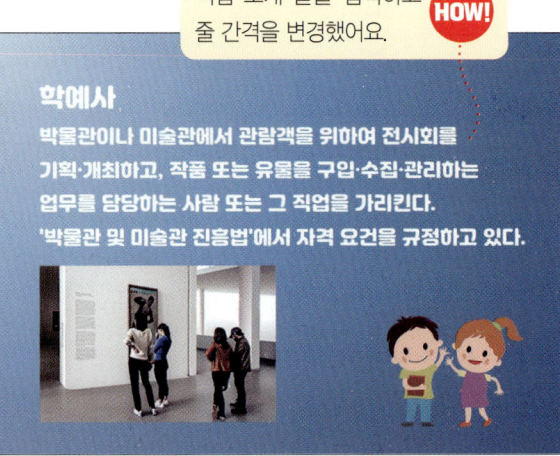

직업 소개 글을 입력하고 줄 간격을 변경했어요. HOW!

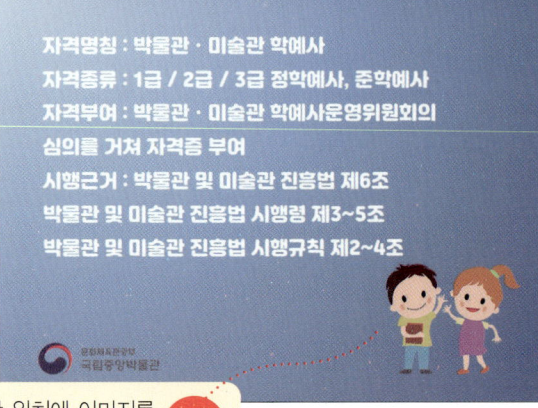

동일한 위치에 이미지를 붙여 넣었어요. HOW!

이미지에 웹 주소를 입력하여 하이퍼링크를 적용했어요. HOW!

1 글자 입력하고 줄 간격 지정하기

01 19 폴더에서 '직업 소개.pptx' 파일을 연 다음 1번 슬라이드를 선택해요. 〔삽입〕 탭에서 〔텍스트 상자()〕를 클릭한 다음 '가로 텍스트 상자'를 선택하고 드래그하여 '직업 소개하기 5학년 2반 최민우'를 두 줄로 입력해요. 〔홈〕 탭에서 글꼴과 글꼴 크기, 글꼴 색을 지정해요.

• **글꼴** : 여기어때 잘난체   **글꼴 크기** : 48, 32   **글꼴 색** : 흰색, 배경 1

02 2번 슬라이드를 선택하고 그림과 같이 내용을 입력해요. 〔홈〕 탭에서 글꼴과 글꼴 크기, 글꼴 색을 지정하고 그림과 같이 배치한 다음 〔줄 간격(≡)〕을 클릭하여 '1.5'로 선택해요.

• **글꼴** : 여기어때 잘난체   **글꼴 크기** : 32, 24   **글꼴 색** : 흰색, 배경 1

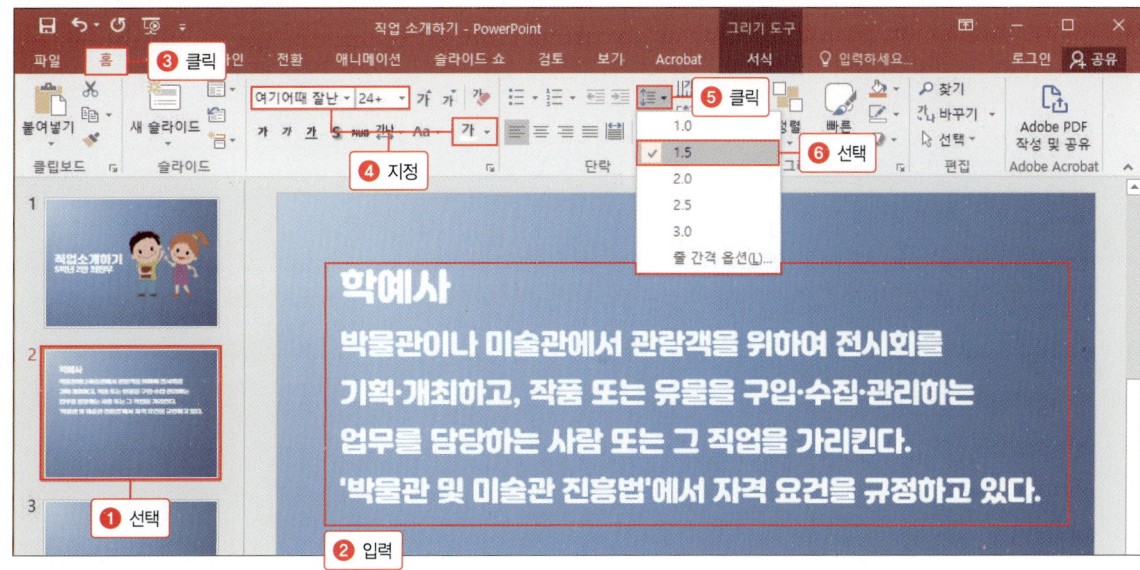

 내용은 19 폴더의 '학예사.txt' 파일을 참고하여 입력해요.

03 〔삽입〕 탭에서 〔그림(📷)〕을 클릭하여 〔그림 삽입〕 대화상자가 표시되면 19 폴더에서 '학예사.jpg', '아이들.png' 파일을 선택한 다음 〔삽입〕을 클릭해요. 이미지가 삽입되면 그림과 같이 배치해요.

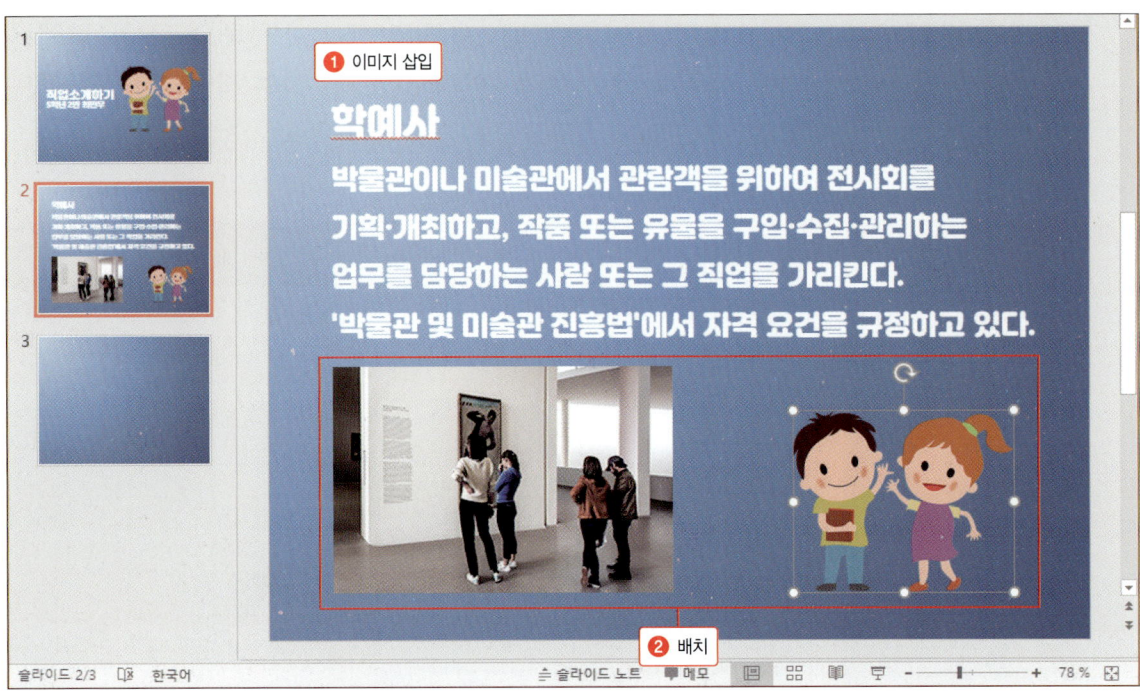

04 3번 슬라이드를 선택하고 그림과 같이 내용을 입력해요. 〔홈〕 탭에서 글꼴과 글꼴 크기, 글꼴 색을 지정하고 〔줄 간격(≡)〕을 클릭하여 '1.5'로 선택해요.

- 글꼴 : 여기어때 잘난체   글꼴 크기 : 24   글꼴 색 : 흰색, 배경 1

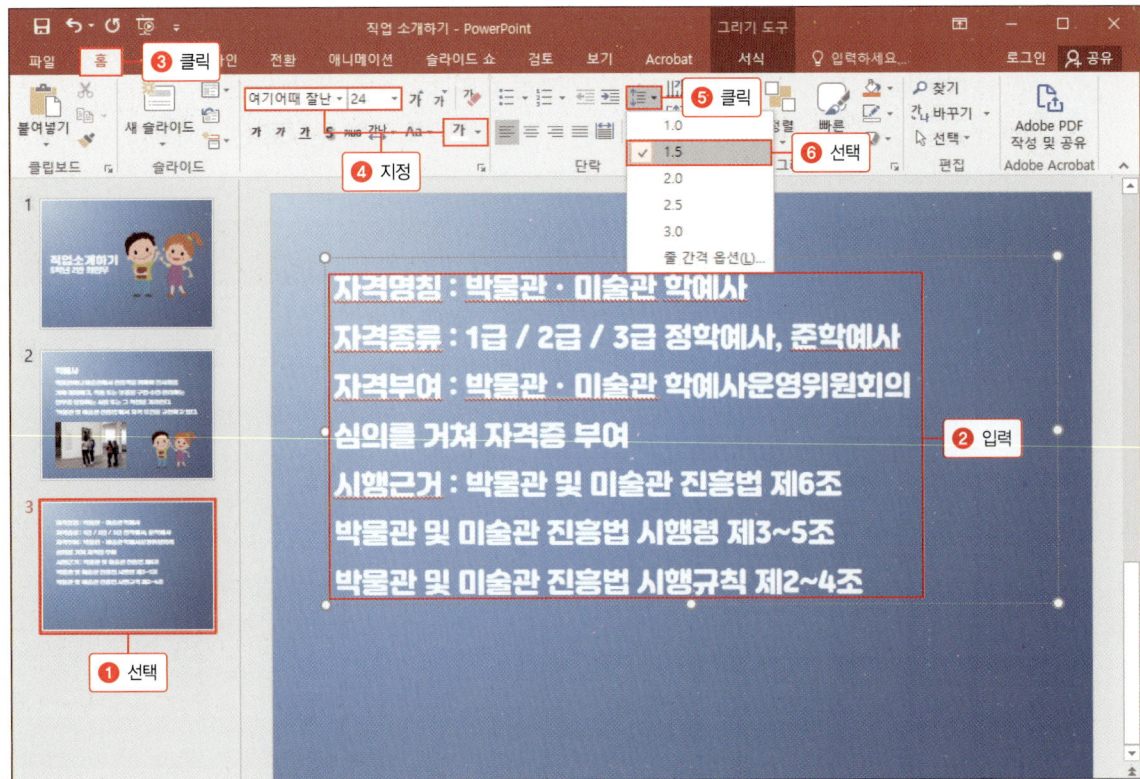

 내용은 19 폴더에서 '학예사.txt' 파일을 참고하여 입력해요.

2 동일한 위치에 이미지 붙여 넣기

01 2번 슬라이드를 선택하고 아이들 이미지를 선택한 다음 Ctrl+C를 눌러 복사해요. 3번 슬라이드를 선택하고 Ctrl+V를 누르면 동일한 위치에 이미지가 붙여 넣어져요.

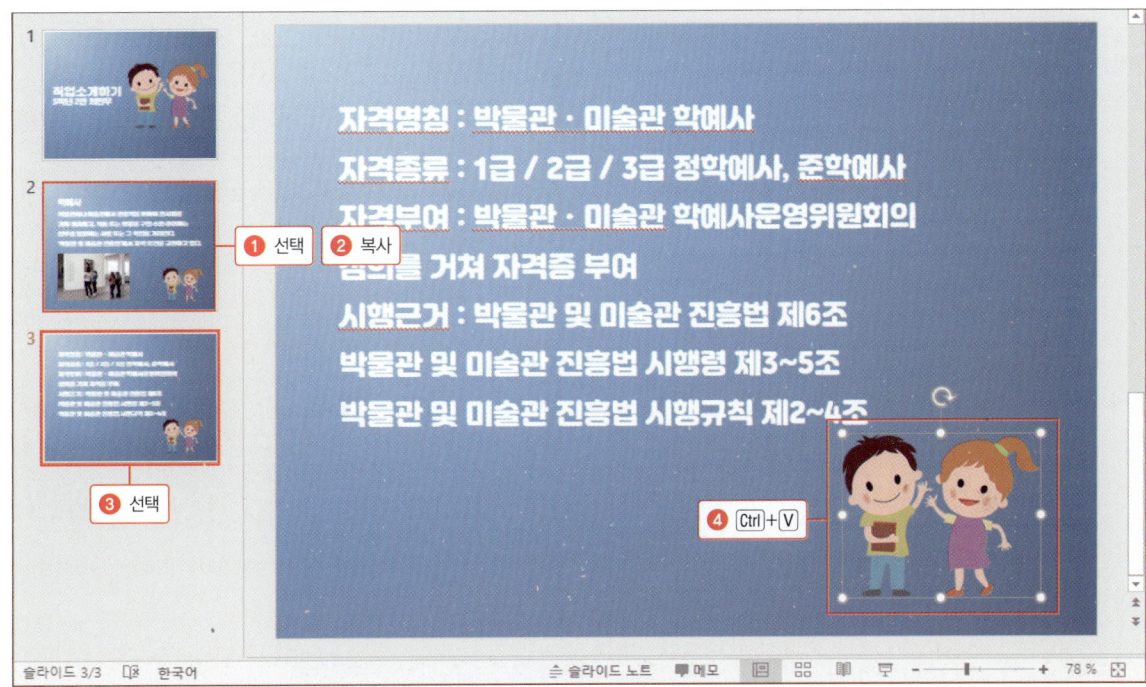

02 19 폴더에서 '로고.png' 파일의 이미지를 삽입하여 그림과 같이 배치해요.

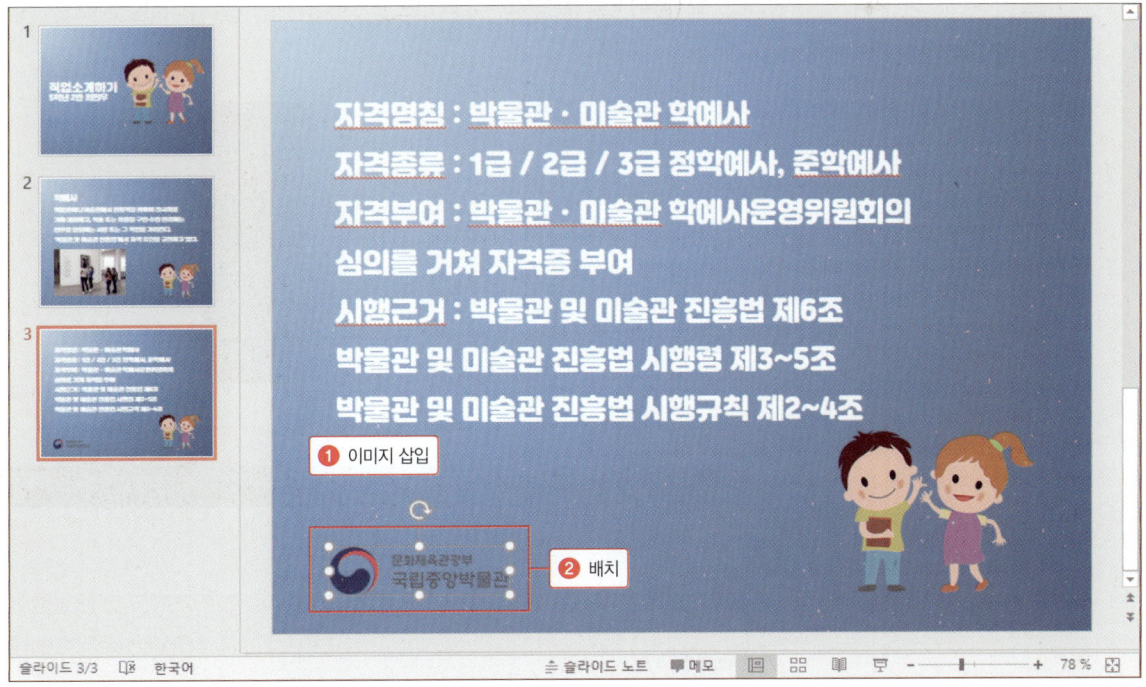

3 이미지에 하이퍼링크 등록하기

01 로고 이미지를 선택하고 마우스 오른쪽 버튼을 클릭한 다음 '하이퍼링크'를 선택해요. 〔하이퍼링크 편집〕 대화상자가 표시되면 주소에 웹 사이트 주소를 입력한 다음 〔확인〕을 클릭하여 하이퍼링크를 적용해요.

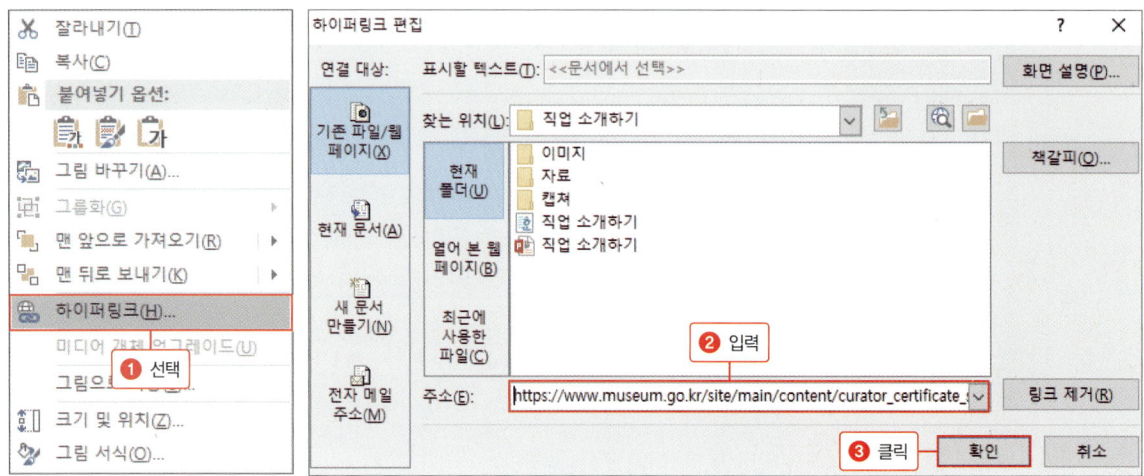

 웹 사이트 주소는 19 폴더의 '학예사.txt' 파일에서 복사하여 사용해요.

WHY? 정확한 정보를 알려주기 위해서 웹 사이트를 연결했어요. 인터넷 연결이 안되어 있으면 웹 사이트가 안 열려요.

02 슬라이드 하단에 〔슬라이드 쇼()〕를 클릭한 다음 로고 이미지를 클릭하면 링크된 웹 사이트가 열려요.

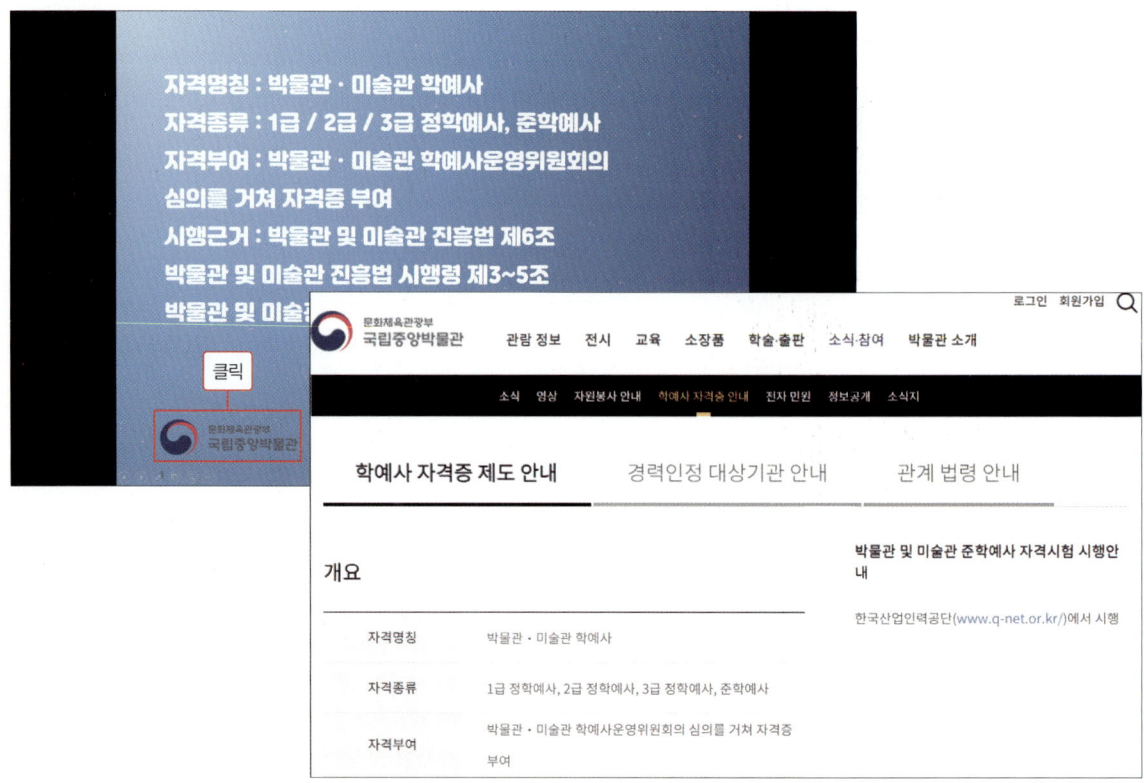

01 ▶ 한자능력검정시험 소개를 위한 자료를 만들어 보세요.

● 예제파일 : 19_한자능력검정시험.pptx ● 완성파일 : 19_한자능력검정시험(완성).pptx

 ① 로고 이미지에 '하이퍼링크'를 적용한 다음 주소(www.hanja.ne.kr/info/info01.asp)를 입력해요.
② 화면 전환을 '전환'으로 적용해요.

20 오디오 삽입하여 피아노 연주곡 발표하기

수업

내가 연주한 피아노 연주곡을 발표하기 위해 오디오를 삽입하고 음표 이미지에 애니메이션을 적용하여 멋진 문서를 만들어 보세요.

학습목표
- 이미지에 애니메이션을 적용해 보세요.
- 애니메이션의 효과 옵션을 변경해 보세요.
- 오디오 파일을 삽입해 보세요.

● 예제파일 : 20_피아노 연주곡.pptx, 2분음표.png, 4분음표.png, 8분음표.png, 16분음표.png, 피아노.jpg, 참 좋은 말.mp3
● 완성파일 : 20_피아노 연주곡(완성).pptx

피아노 이미지와 음표 이미지를 조화롭게 배치했어요. **HOW!**

음표 이미지에 회전 애니메이션을 적용하고, 타이밍을 변경했어요. **HOW!**

피아노 연주곡을 오디오 파일로 삽입했어요. **HOW!**

1 이미지 삽입하고 배치하기

01 20 폴더에서 '피아노 연주곡.pptx' 파일을 열어요. 〔삽입〕 탭에서 〔그림()〕을 클릭하여 〔그림 삽입〕 대화상자가 표시되면 20 폴더에서 '피아노.jpg' 파일을 선택한 다음 〔삽입〕을 클릭해요. 피아노 이미지가 삽입되면 그림과 같이 배치해요.

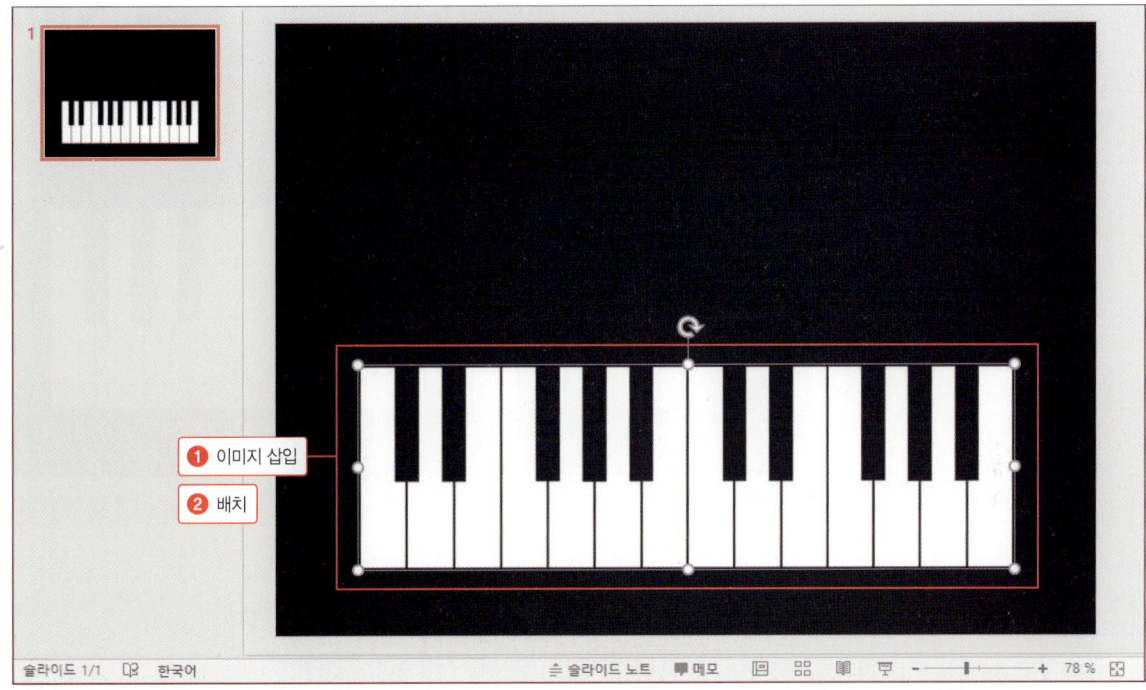

02 같은 방법으로 20 폴더에서 '2분음표.png', '4분음표.png', '8분음표.png', '16분음표.png' 파일의 이미지를 삽입해요.

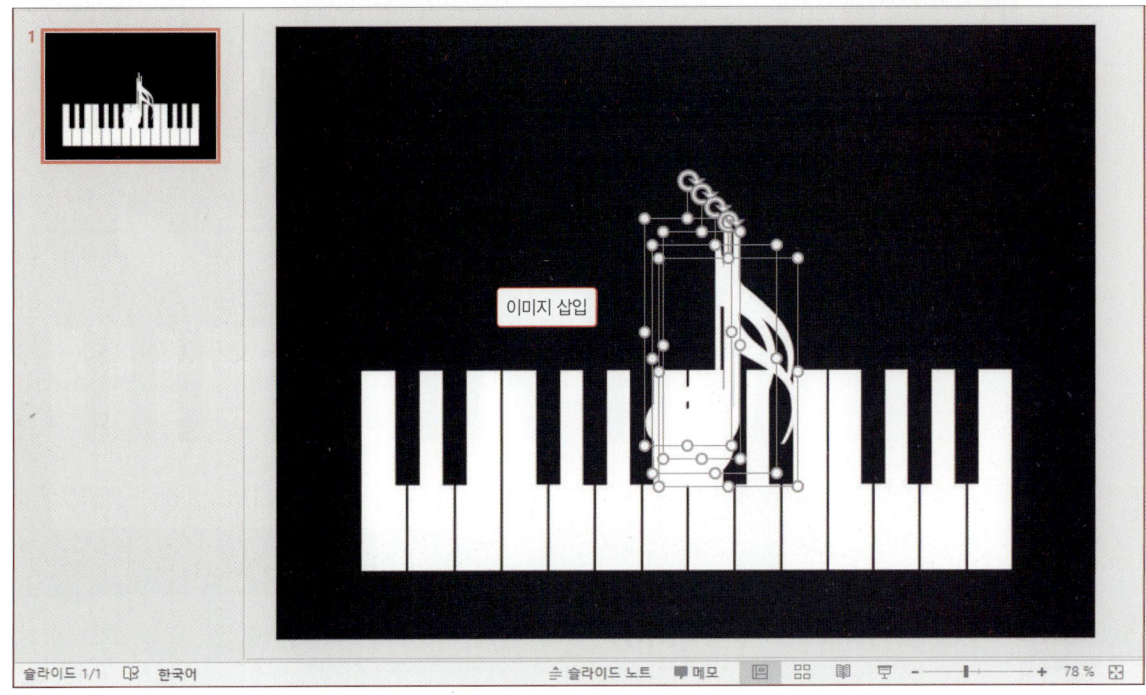

20 · 오디오 삽입하여 피아노 연주곡 발표하기   125

03 음표 이미지의 크기를 작게 조절하고 그림과 같이 배치해요. 일부 음표 이미지는 Ctrl+C를 눌러 복사한 다음 Ctrl+V를 눌러 붙여 넣어 사이사이에 배치해요.

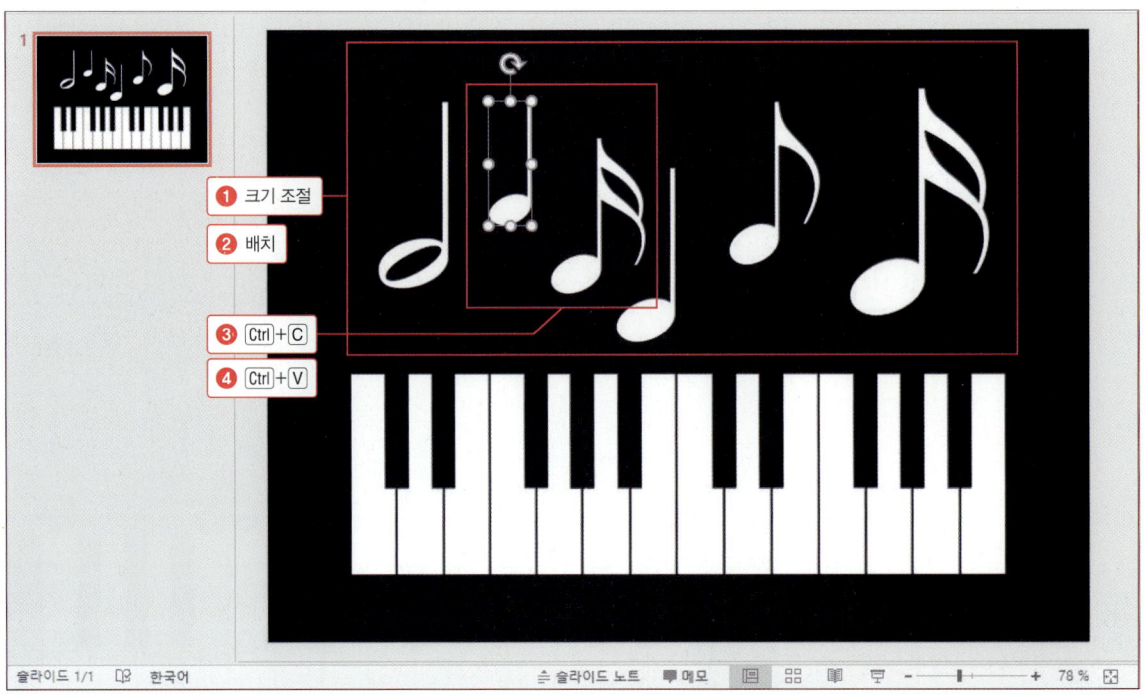

04 각 음표 이미지를 선택하고 회전점을 드래그하여 그림과 같이 회전해요.

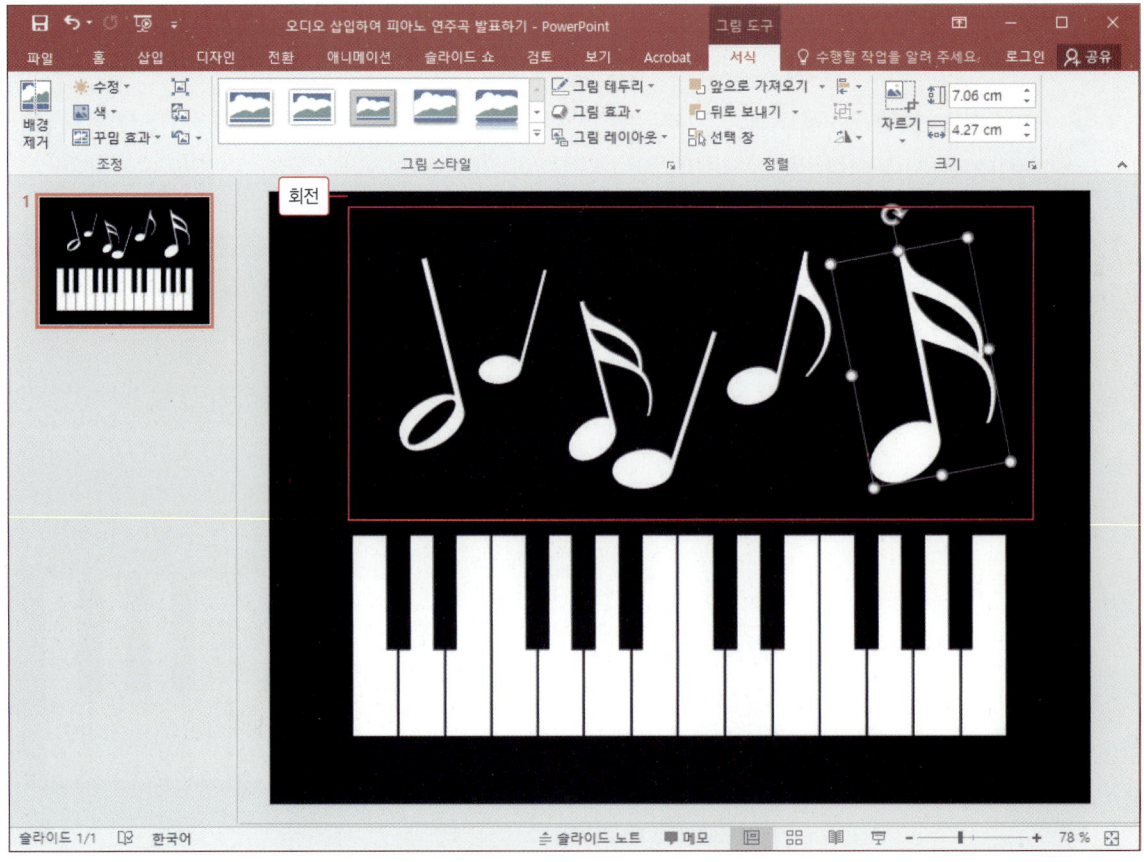

2 회전 애니메이션 적용하기

01 모든 음표 이미지를 선택하고 〔애니메이션〕 탭에서 끝내기의 '회전'을 선택해요. 시작을 '이전 효과와 함께', 재생 시간을 '02.00'으로 지정해요.

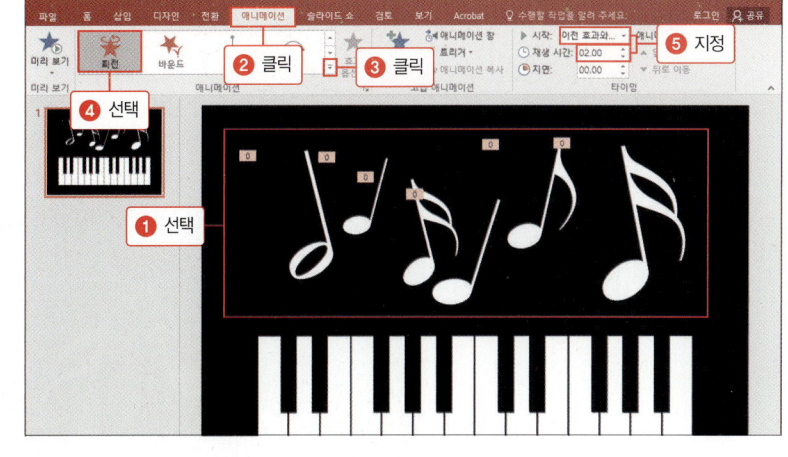

WHY? 파워포인트에서 제공하는 애니메이션 효과로 재밌는 움직임을 적용할 수 있어요.

02 〔애니메이션〕 탭에서 〔추가 효과 옵션 표시(⬒)〕를 클릭해요. 〔회전〕 대화상자가 표시되면 〔타이밍〕 탭에서 반복을 '슬라이드가 끝날 때까지'로 지정한 다음 〔확인〕을 클릭해요.

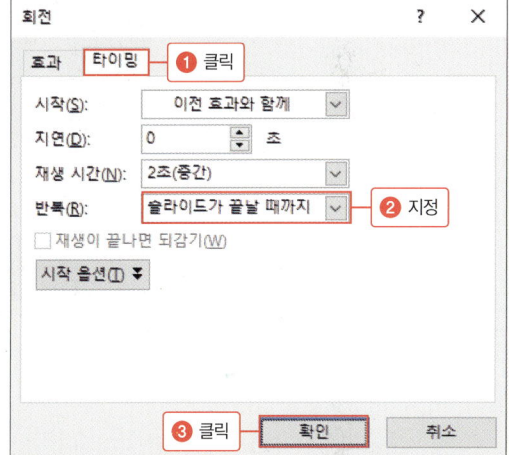

3 오디오 삽입하기

01 〔삽입〕 탭에서 〔오디오(🔊)〕를 클릭한 다음 '내 PC의 오디오'를 선택해요. 〔오디오 삽입〕 대화상자가 표시되면 20 폴더에서 '참 좋은 말.mp3' 파일을 선택한 다음 〔삽입〕을 클릭해요. 오디오 아이콘이 표시되면 그림과 같이 피아노 이미지로 배치해요.

WHY? 내가 연주한 음악을 친구들에게 파워포인트로 들려주고 싶을 때 사용해요.

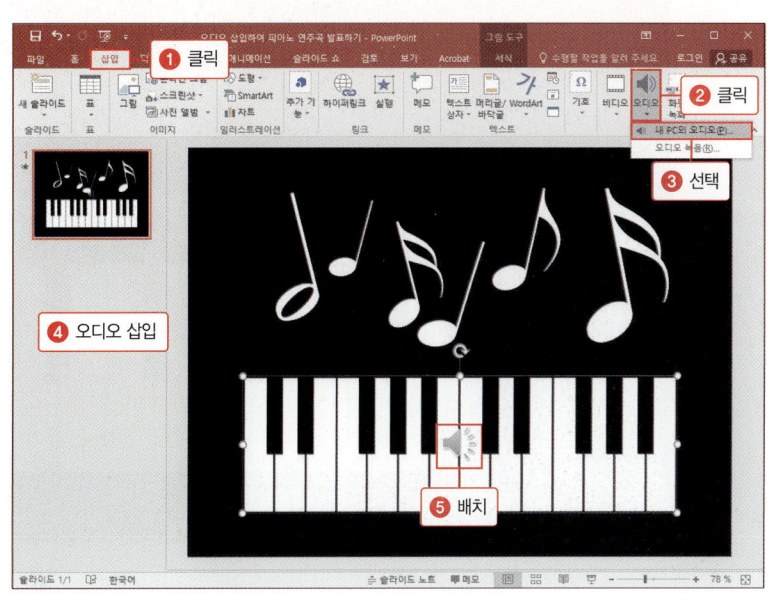

02 〔삽입〕 탭에서 〔텍스트 상자(📝)〕를 클릭한 다음 '가로 텍스트 상자'를 선택하고 드래그하여 '참 좋은 말'을 입력해요. 〔홈〕 탭에서 글꼴과 글꼴 크기, 글꼴 색을 지정해요.

• **글꼴** : 나눔손글씨 펜   **글꼴 크기** : 36   **글꼴 색** : 흰색, 배경 1

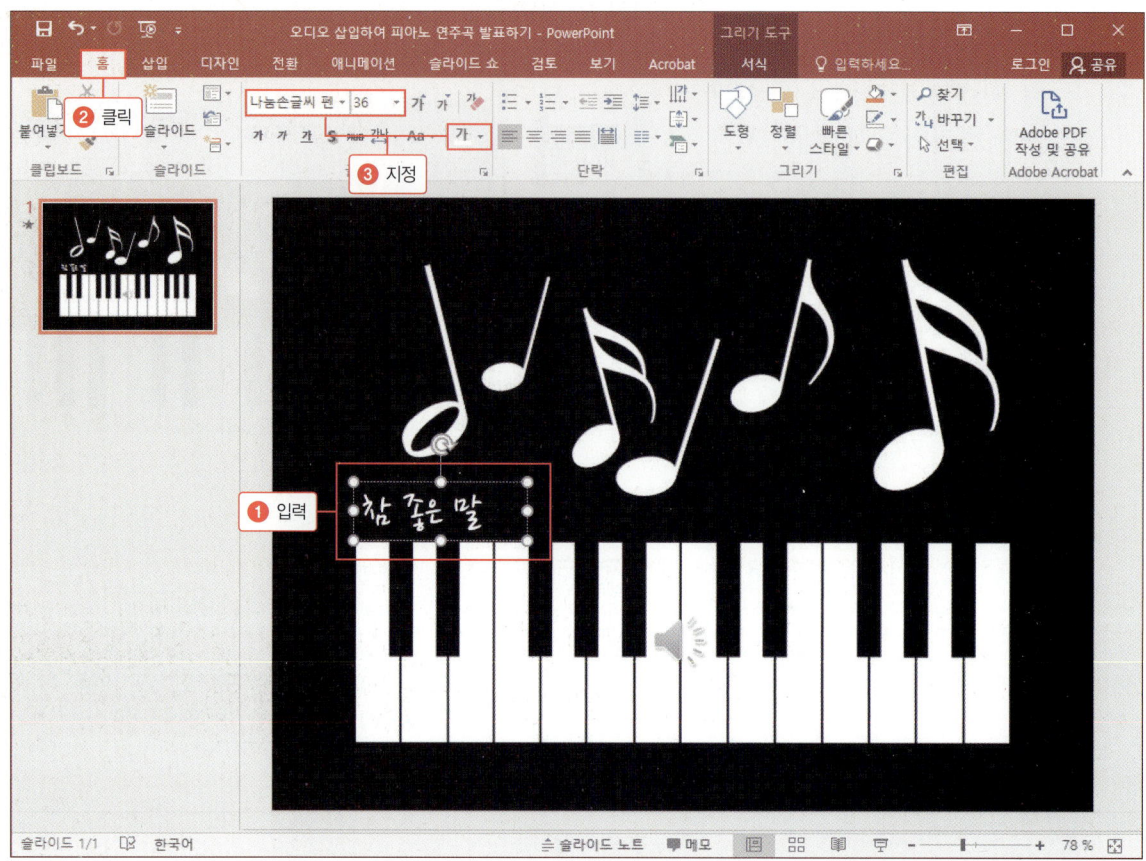

03 슬라이드 하단에 〔슬라이드 쇼(🖥)〕를 클릭한 다음 오디오 아이콘을 클릭하면 피아노 연주곡을 들을 수 있어요.

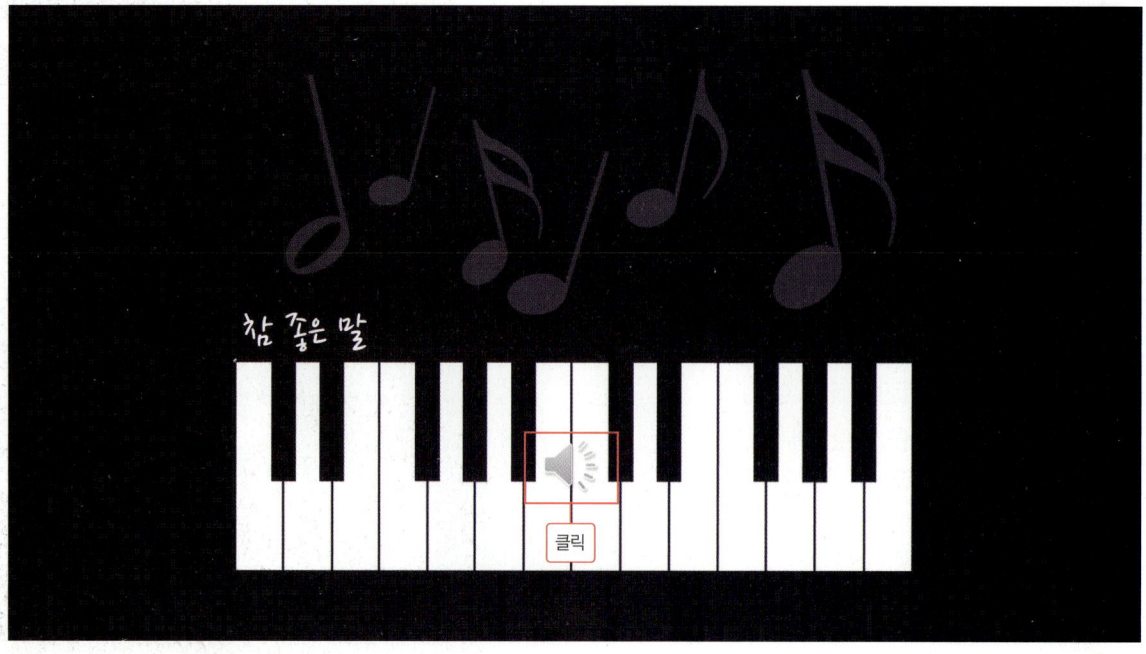

01 ▶ 노래가 나오는 생일 축하 카드를 만들어 보세요.

● **예제파일** : 20_생일 축하.pptx, 생일 축하 노래.mp3   ● **완성파일** : 20_생일 축하(완성).pptx

① 풍선 이미지에 '선' 애니메이션을 적용하고, 경로를 지정해요.
② 글자에 '회전' 애니메이션을 적용해요.
③ [오디오] 기능으로 생일 축하 노래 오디오를 삽입해요.

20 · 오디오 삽입하여 피아노 연주곡 발표하기 **129**

점점 커지는 폭발 애니메이션 만들기

21 수업

도형을 활용하여 폭발하는 그래픽을 그리고, 도형과 글자에 애니메이션 효과를 적용하여 폭발하는 것처럼 점점 커지는 애니메이션을 만들어 보세요.

- 도형으로 폭발하는 그래픽을 그려 보세요.
- 도형과 글자에 애니메이션을 적용해 보세요.

● 예제파일 : 21_폭발 애니메이션.pptx   ● 완성파일 : 21_폭발 애니메이션(완성).pptx

도형 도구로 폭발하는 그래픽을 그려 배치했어요. **HOW!**

애니메이션에 타이밍과 시간을 변경해서 재밌게 표현했어요.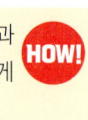

도형과 글자에 폭발하는 것처럼 점점 커지는 애니메이션을 적용했어요. **HOW!**

1 말풍선과 폭발 형태의 도형 그리기

01 21 폴더에서 '폭발 애니메이션.pptx' 파일을 열어요. 〔디자인〕 탭에서 〔배경 서식(🖼)〕을 클릭하면 〔배경 서식〕 패널이 표시돼요. 〔배경 서식〕 패널에서 '단색 채우기'를 선택하고 색을 지정한 다음 〔닫기(✕)〕를 클릭하여 패널을 닫아요.
- 색 : 노랑

02 〔삽입〕 탭에서 〔도형(🔷)〕을 클릭해요. 〔폭발 1(💥)〕을 클릭한 다음 드래그하여 폭발 형태의 도형을 그려요.

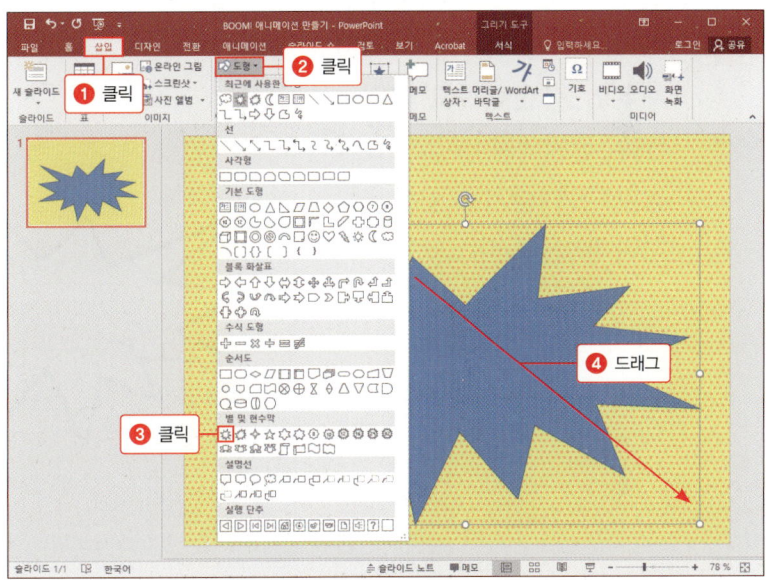

03 〔서식〕 탭에서 〔도형 윤곽선(🖍)〕을 클릭하여 색과 두께를 지정해요.
- 윤곽선 색 : 검정, 텍스트1
  두께 : 6pt

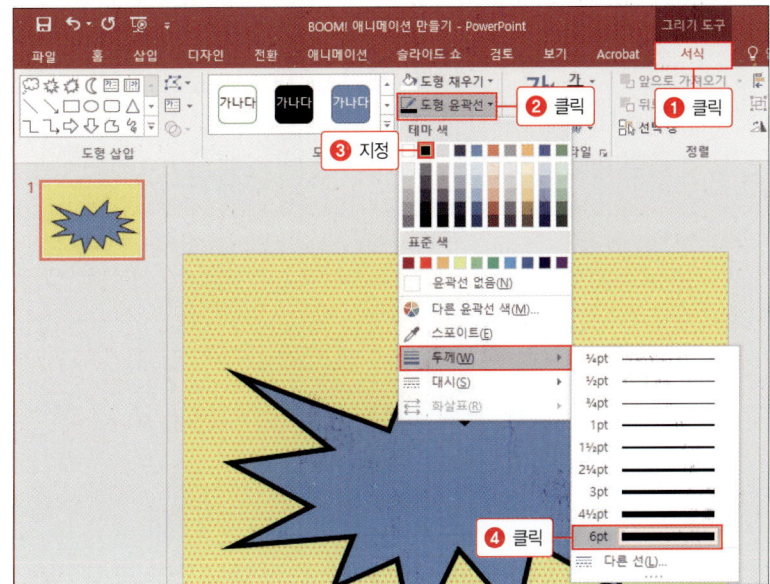

04 〔도형 채우기(🎨)〕를 클릭하여 '그라데이션'에서 '기타 그라데이션'을 선택하면 〔도형 서식〕 패널이 표시돼요.

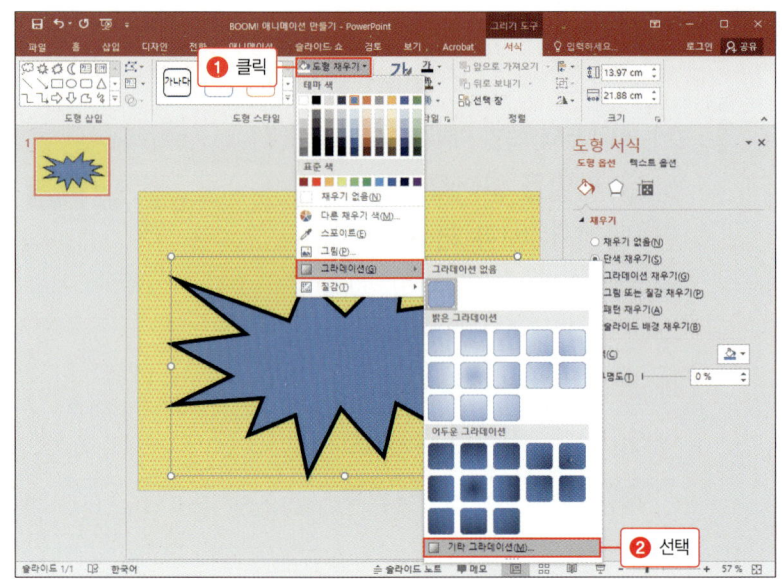

05 〔도형 서식〕 패널에서 '패턴 채우기'를 선택하고 패턴을 '5%', 전경색을 '빨강'으로 지정한 다음 〔닫기(✕)〕를 클릭하여 패널을 닫아요.

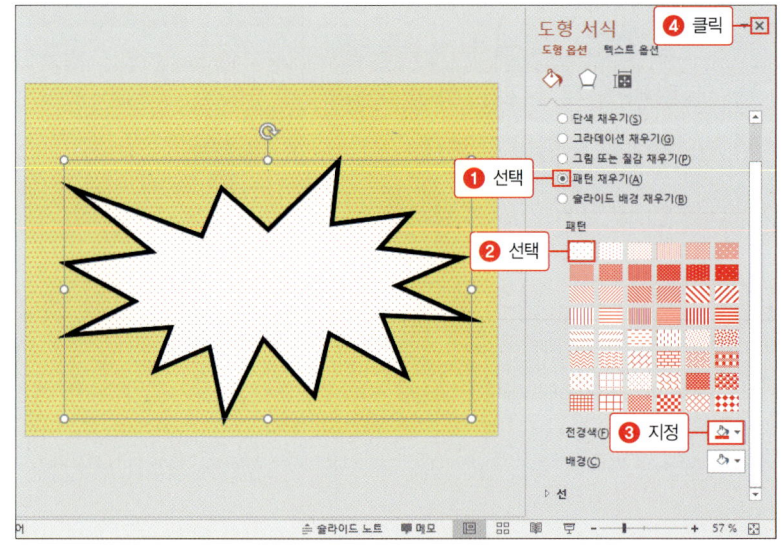

06 〔삽입〕 탭에서 〔도형(⚙)〕을 클릭해요. 〔폭발 2(💥)〕를 클릭한 다음 드래그하여 또 다른 폭발 형태의 도형을 그려요.

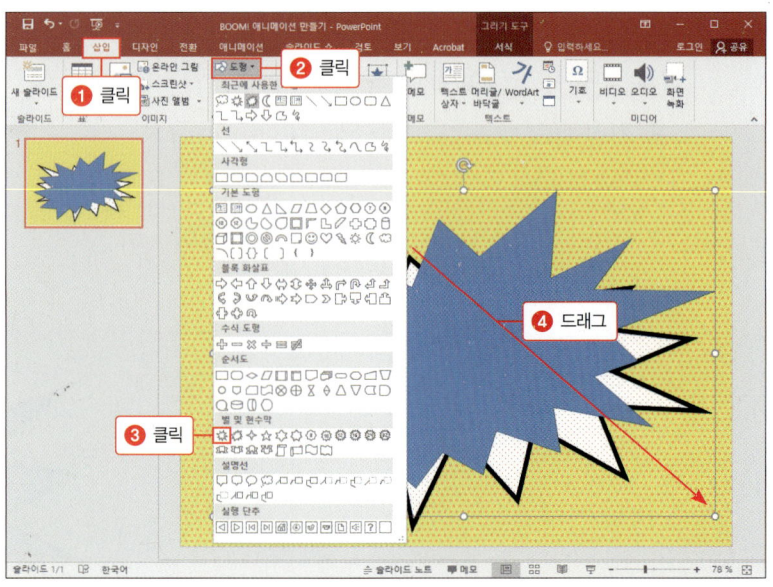

07 〔서식〕 탭에서 〔도형 채우기(☒)〕를 클릭하여 '진한 빨강'으로 지정한 다음 〔도형 윤곽선(☒)〕을 클릭하여 색과 두께를 지정해요.

- 윤곽선 색 : 검정, 텍스트 1
  두께 : 6pt

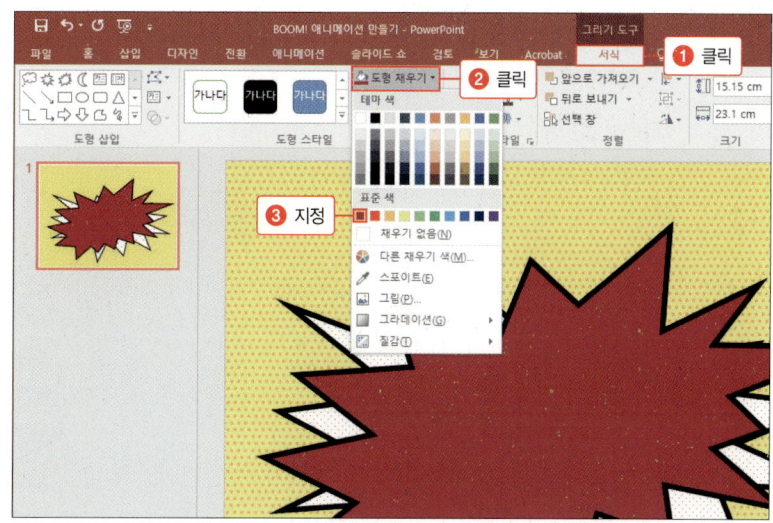

08 〔삽입〕 탭에서 〔도형(☒)〕을 클릭해요. 〔구름 모양 설명선(☒)〕을 클릭하고 드래그하여 그려요. 〔서식〕 탭에서 〔도형 채우기(☒)〕와 〔도형 윤곽선(☒)〕을 클릭하여 색과 두께를 지정해요.

- 색 : 흰색, 배경 1
  윤곽선 색 : 검정, 텍스트 1
  두께 : 3pt

 **2 글자 입력하기**

01 〔삽입〕 탭에서 〔텍스트 상자(☒)〕를 클릭한 다음 '가로 텍스트 상자'를 선택하고 드래그하여 'BOOM!'을 입력해요. 〔홈〕 탭에서 글꼴과 글꼴 크기, 글꼴 색을 지정해요.

- 글꼴 : VTC-GarageSale
  글꼴 크기 : 180
  글꼴 색 : 검정, 텍스트 1

02 〔서식〕 탭에서 〔텍스트 윤곽선()〕을 클릭하여 색과 두께를 지정해요.
- **색** : 흰색, 배경 1
- **두께** : 6pt

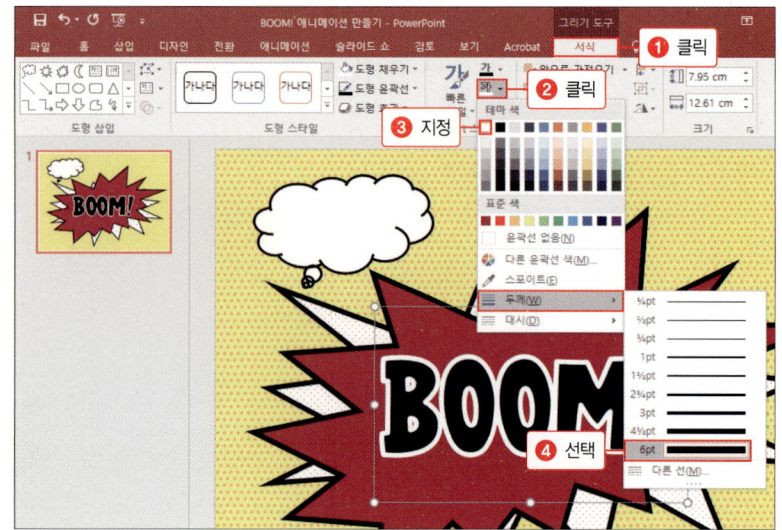

03 회전점을 드래그하여 'BOOM!' 글자를 회전해요.

3 도형과 글자에 애니메이션 적용하기

01 흰색 폭발 도형을 선택하고 〔애니메이션〕 탭에서 〔자세히(▼)〕를 클릭한 다음 '크게/작게'를 선택해요. 재생 시간을 '00.50'으로 지정해요.

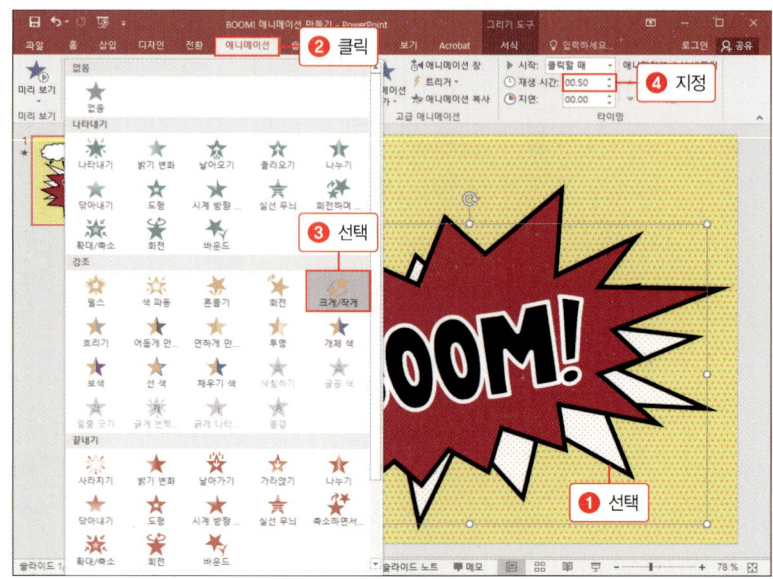

02 빨강 폭발 도형을 선택하고 〔애니메이션〕 탭에서 〔자세히(▼)〕를 클릭한 다음 '크게/작게'를 선택해요. 시작을 '이전 효과 다음에', 재생 시간을 '00.50'으로 지정해요.

03 'BOOM!' 글자를 선택하고 〔애니메이션〕 탭에서 〔자세히(▼)〕를 클릭한 다음 '크게/작게'를 선택해요. 시작을 '이전 효과 다음에', 재생 시간에 '00.50'으로 지정해요.

WHY? 애니메이션 효과를 설정하여 재미있는 효과를 자유롭게 만들 수 있어요.

04 슬라이드 하단에 [슬라이드 쇼(🖵)]를 클릭해요.

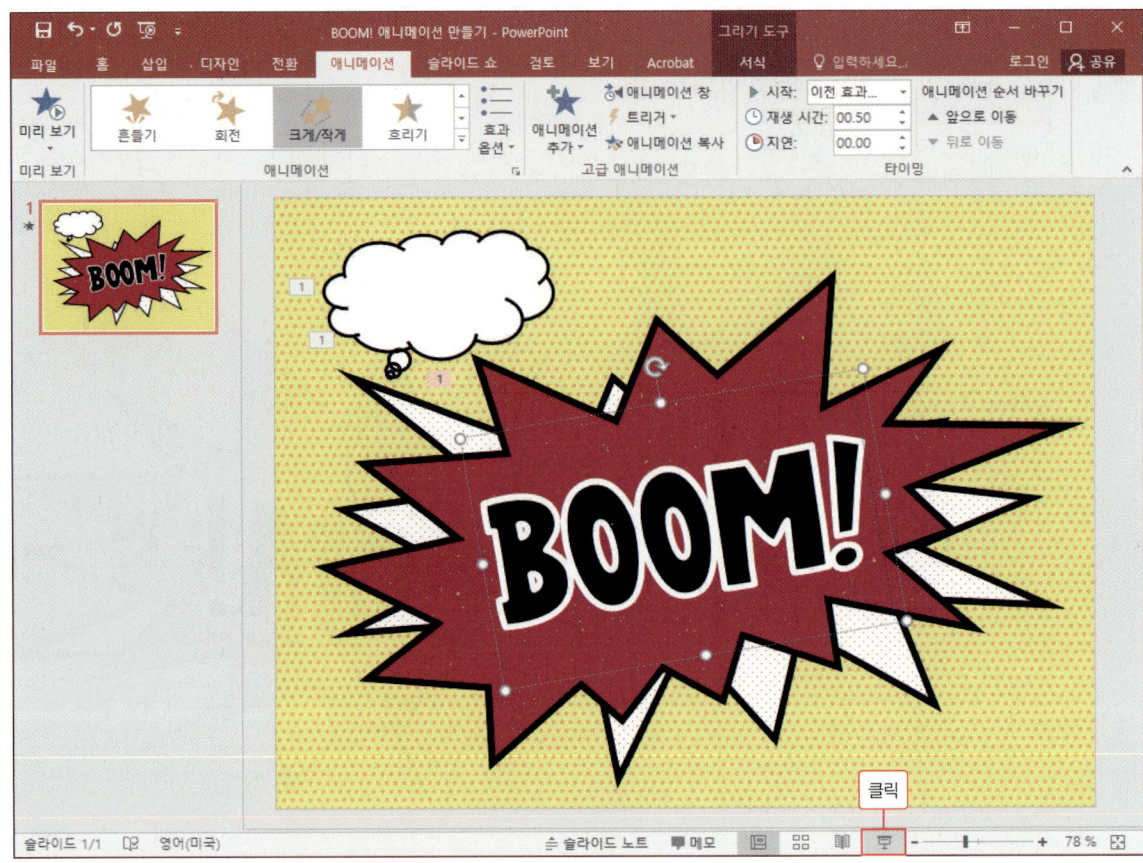

05 Enter 를 누르면 전체 화면에서 애니메이션을 확인할 수 있어요.

01 ▶ 도형과 글자에 다른 스타일의 폭발 애니메이션을 만들어 보세요.

● **완성파일** : 21_폭발 애니메이션 2(완성).pptx

① [배경 서식]에서 '패턴 채우기'를 선택하고, 패턴을 '넓은 눈금', 전경색을 '노랑', 배경색을 '자주'로 지정해요.
② [구름 모양 설명선]과 [폭발 2]를 사용하고, 글자를 입력해요.
③ 구름 모양 설명선 → 폭발 2 → 글자 순서로 '크게/작게' 애니메이션을 적용해요.

22 수업 우주선이 비행하는 애니메이션 만들기

애니메이션 효과를 적용하고 직접 움직이는 방향을 조절하여 우주선이 날아가고 구름이 움직이는 재미있는 애니메이션을 만들어 보세요.

- 이미지에 각각 애니메이션을 적용해 보세요.
- 애니메이션이 움직이는 방향을 변경해 보세요.
- 애니메이션에 타이밍을 변경해 보세요.

● 예제파일 : 22_우주선 애니메이션.pptx, 구름.png, 우주선.png   ● 완성파일 : 22_우주선 애니메이션(완성).pptx

우주선 이미지에 애니메이션을 적용하고, 움직이는 방향을 대각선으로 변경했어요. **HOW!**

구름 이미지에 애니메이션을 적용하고, 움직이는 방향을 가로로 변경했어요. **HOW!**

우주선과 구름 이미지가 같이 움직이게 타이밍을 변경했어요. **HOW!**

1 우주선 이미지에 애니메이션 적용하기

01 22 폴더에서 '우주선 애니메이션.pptx' 파일을 열어요. 〔삽입〕 탭에서 〔그림(📷)〕을 클릭하여 〔그림 삽입〕 대화 상자가 표시되면 22 폴더에서 '우주선.png' 파일을 선택한 다음 〔삽입〕을 클릭하여 우주선 이미지를 삽입해요.

02 우주선 이미지를 그림과 같이 배치해요.

03 〔애니메이션〕 탭에서 〔자세히(▽)〕를 클릭한 다음 '선'을 선택해요.

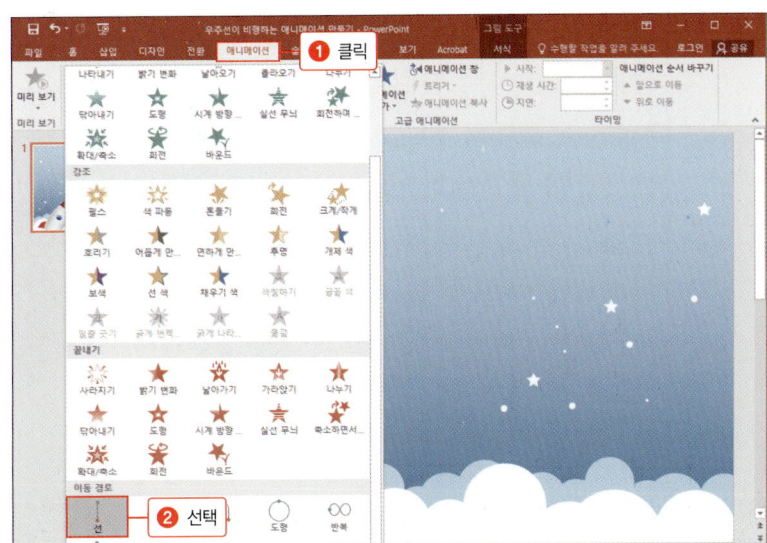

04 슬라이드 하단에 〔축소(−)〕를 클릭하여 그림과 같이 슬라이드를 축소하면 애니메이션 선이 보여요.

05 우주선 이미지에 표시된 〔끝내기 점(◉)〕을 클릭하고 드래그하여 그림과 같이 배치해요.

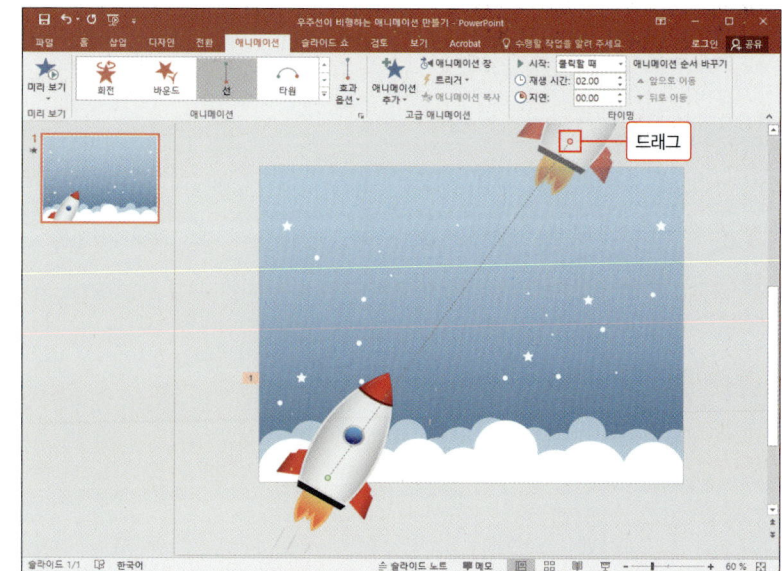

 〔애니메이션〕 탭에서 〔미리 보기(★)〕를 클릭하면 애니메이션을 확인할 수 있어요.

 WHY? 원하는 방향과 위치로 애니메이션을 설정하여 발표 자료를 만들면 친구들의 주목을 이끌 수 있어요.

 **2 구름 이미지에 애니메이션 적용하기**

01 〔삽입〕 탭에서 〔그림(🖼)〕을 클릭하여 〔그림 삽입〕 대화상자가 표시되면 22 폴더에서 '구름.png' 파일을 선택한 다음 〔삽입〕을 클릭하여 구름 이미지를 삽입하고 배치해요.

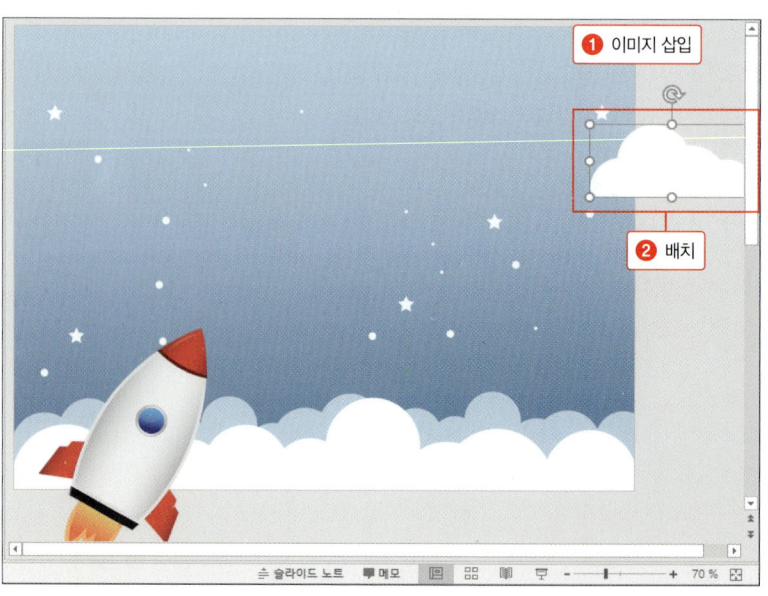

02 〔애니메이션〕 탭에서 〔자세히(▼)〕를 클릭한 다음 '선'을 선택해요.

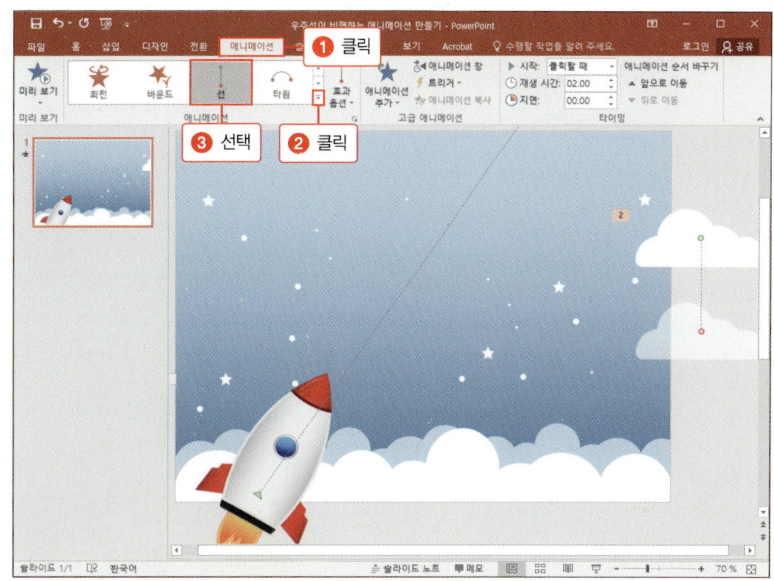

03 구름 이미지에 표시된 〔끝내기 점()〕을 클릭하고 왼쪽으로 드래그하여 그림과 같이 배치해요.

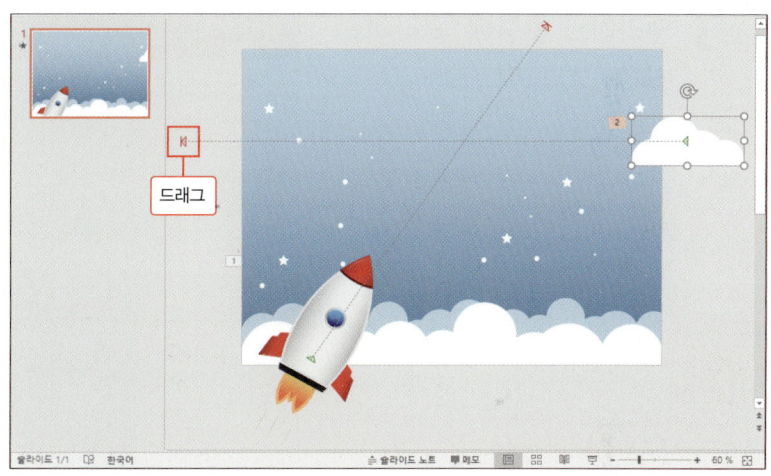

3 애니메이션 타이밍 지정하기

01 〔애니메이션〕 탭에서 시작을 '이전 효과와 함께'로 지정하면 우주선과 구름 이미지가 동시에 움직여요.

02 구름 이미지를 선택하고 〔서식〕 탭에서 〔뒤로 보내기(📄)〕를 클릭해요.

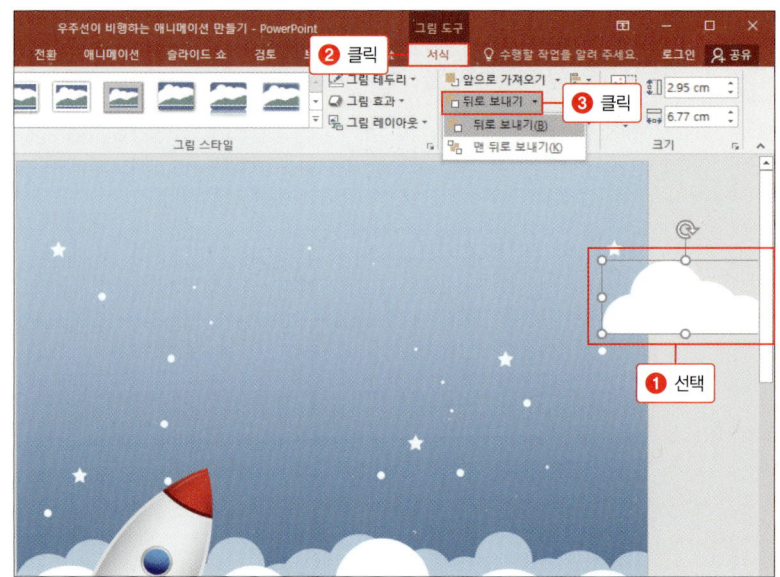

03 슬라이드 하단에 〔슬라이드 쇼(🖵)〕를 클릭해요.

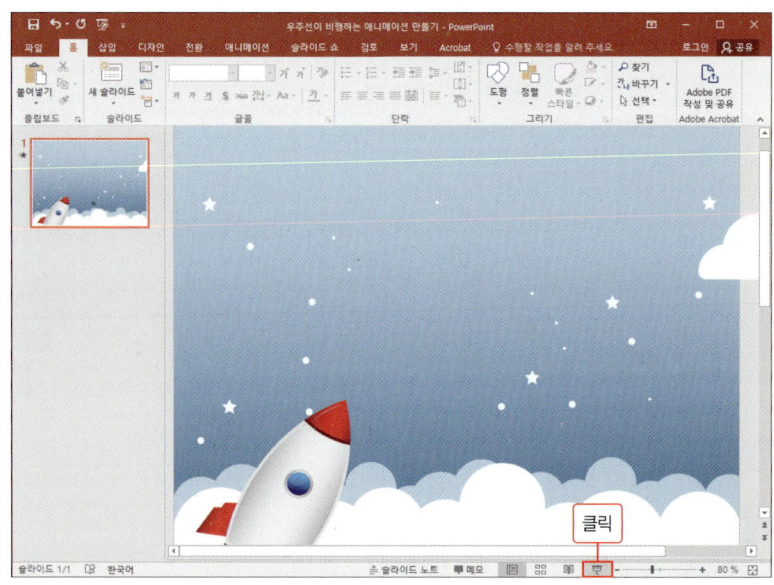

04 Enter를 누르면 전체 화면에서 애니메이션을 확인할 수 있어요.

01 ▶ 자전거가 움직이는 애니메이션을 만들어 보세요.

● 예제파일 : 22_자전거 애니메이션.pptx   ● 완성파일 : 22_자전거 애니메이션(완성).pptx

 '선' 애니메이션을 적용하여 경로를 지정하고, 옵션을 변경해요.

수업 23 치카치카 양치 애니메이션 만들기

배경을 흐리게 변경하고, 애니메이션의 경로를 직접 만들어 칫솔이 움직이는 효과를 적용하여 올바르게 양치질을 할 수 있도록 양치 애니메이션을 만들어 보세요.

 학습목표

- 이미지에 흐림 효과를 적용해 보세요.
- 이미지에 직접 경로를 만들어 애니메이션을 적용해 보세요.

 ● 실습파일 : 23_거품.png, 얼굴.png, 입.png, 치약.png, 칫솔.png, 화장실.jpg   ● 완성파일 : 23_양치 애니메이션(완성).pptx

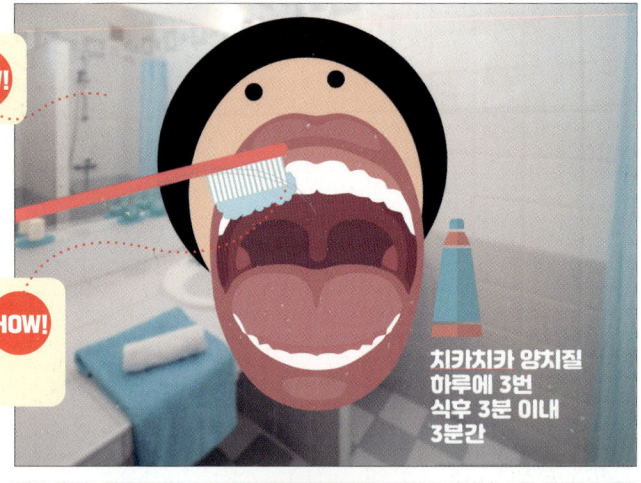

배경인 화장실 이미지에 흐림 효과를 적용했어요. **HOW!**

칫솔 이미지에 직접 경로를 만들어 애니메이션을 적용하고, 옵션을 변경했어요. **HOW!**

애니메이션을 쉽게 적용하기 위해 칫솔과 거품 이미지를 그룹으로 지정했어요. **HOW!**

1 슬라이드 크기 변경하기

01 파워포인트 2016 프로그램을 실행하고 〔새 프레젠테이션〕을 클릭해요.

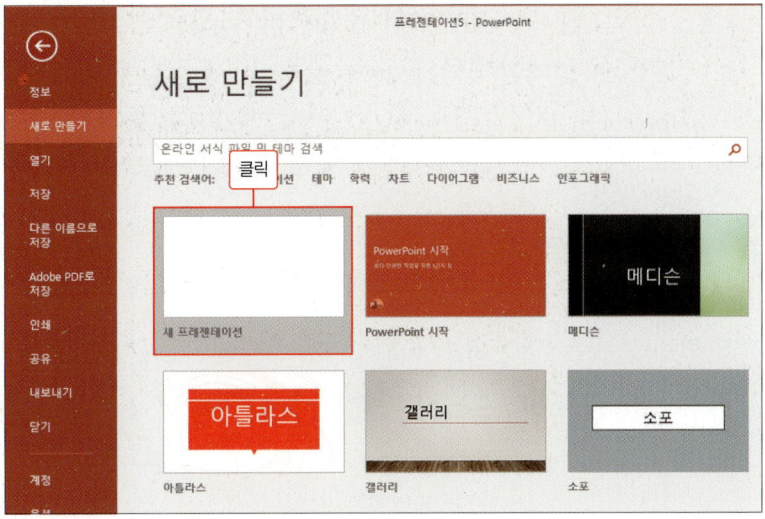

02 〔디자인〕 탭에서 〔슬라이드 크기(□)〕를 클릭하고 '표준(4:3)'을 선택하면 슬라이드 크기가 변경돼요.

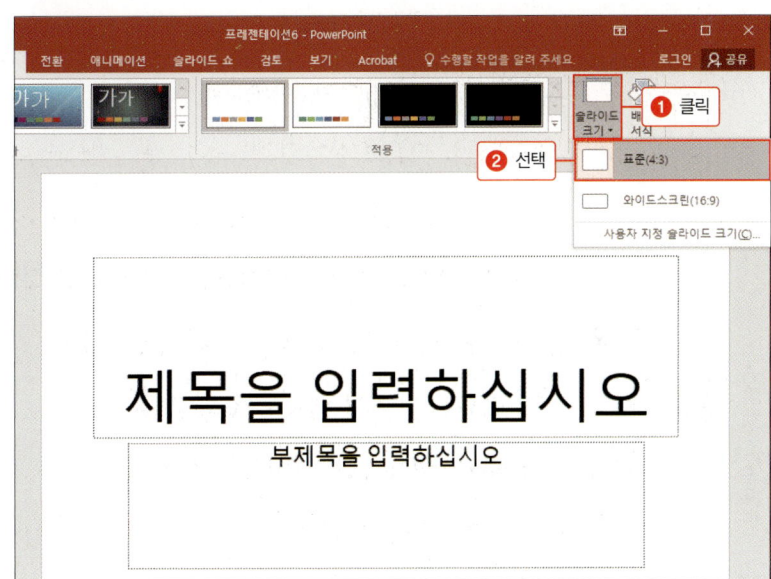

03 기본 텍스트 상자를 선택하고 Delete를 눌러 삭제해요.

2 이미지에 흐림 효과 적용하기

01 〔삽입〕 탭에서 〔그림()〕을 클릭하여 〔그림 삽입〕 대화상자가 표시되면 23 폴더에서 '화장실.jpg' 파일을 선택한 다음 〔삽입〕을 클릭하면 화장실 이미지가 삽입돼요.

02 〔서식〕 탭에서 〔꾸밈 효과〕를 클릭한 다음 '흐리게'를 선택하면 화장실 이미지가 흐리게 변경돼요.

3 이미지 배치하고 그룹으로 지정하기

01 〔삽입〕 탭에서 〔그림()〕을 클릭하여 〔그림 삽입〕 대화상자가 표시되면 23 폴더에서 '얼굴.png', '입.png' 파일을 선택한 다음 〔삽입〕을 클릭해요. 얼굴과 입 이미지 삽입되면 그림과 같이 배치해요.

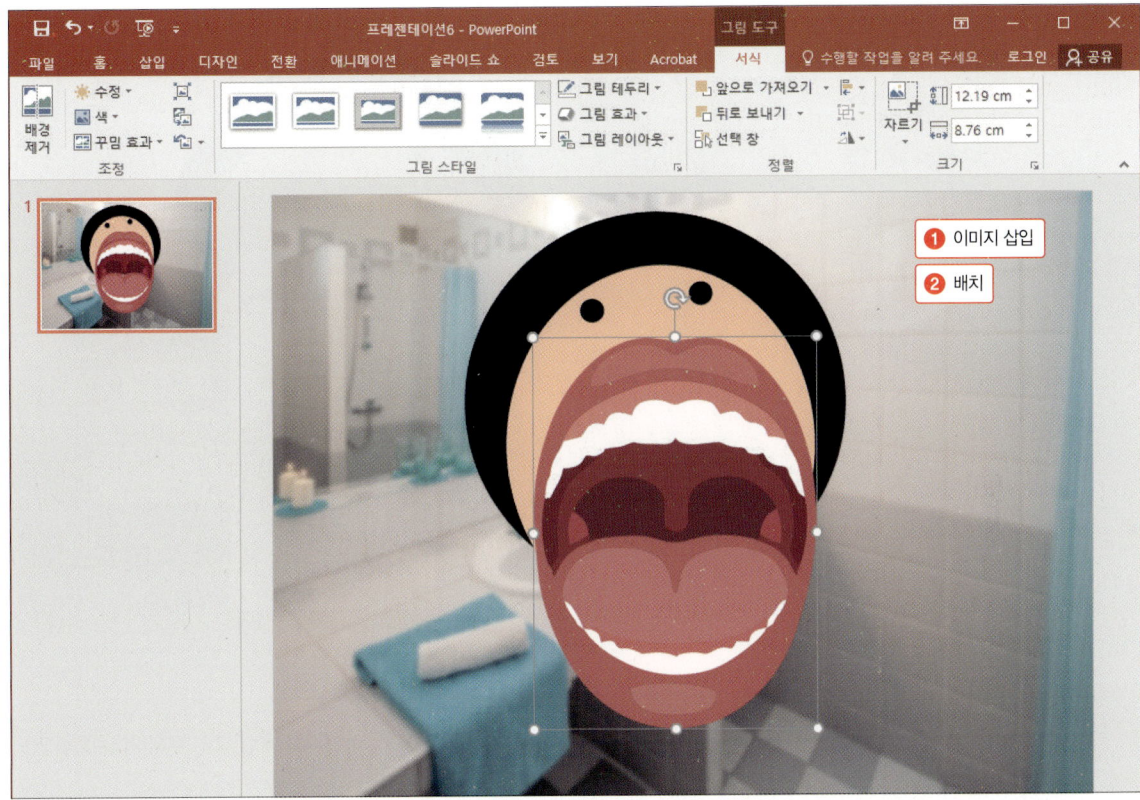

02 같은 방법으로 23 폴더에서 '거품.png', '칫솔.png' 파일의 이미지를 삽입하여 그림과 같이 배치해요.

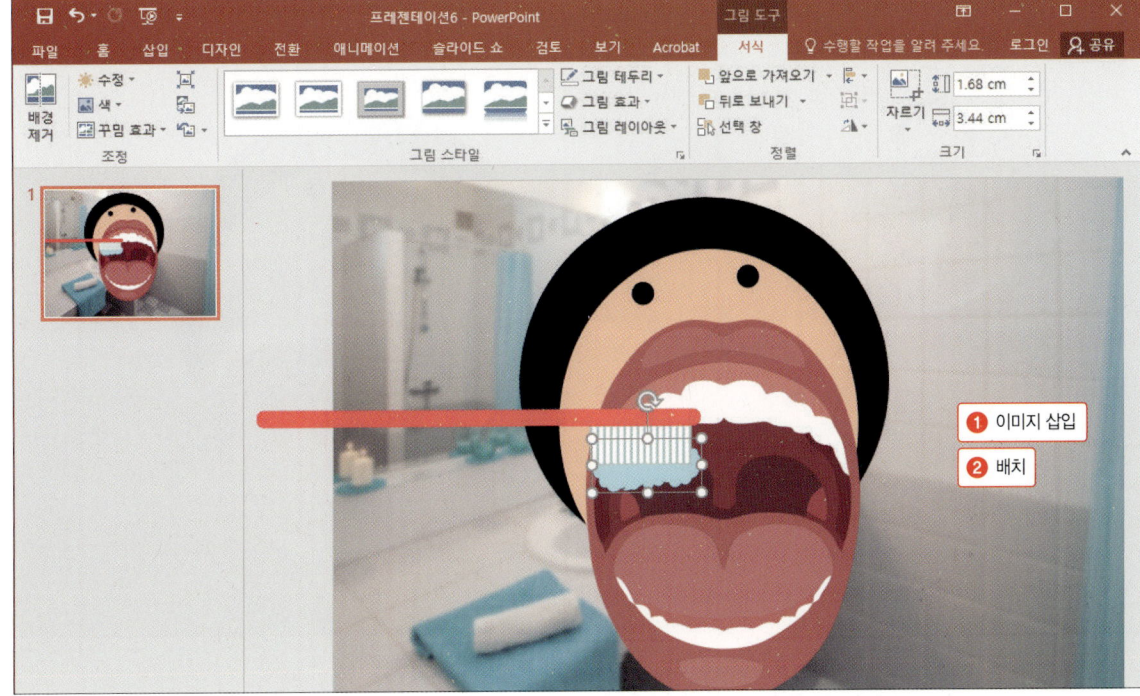

23 • 치카치카 양치 애니메이션 만들기

03 거품과 칫솔 이미지를 선택하고 마우스 오른쪽 버튼을 클릭한 다음 '그룹화' → '그룹'을 선택해요.

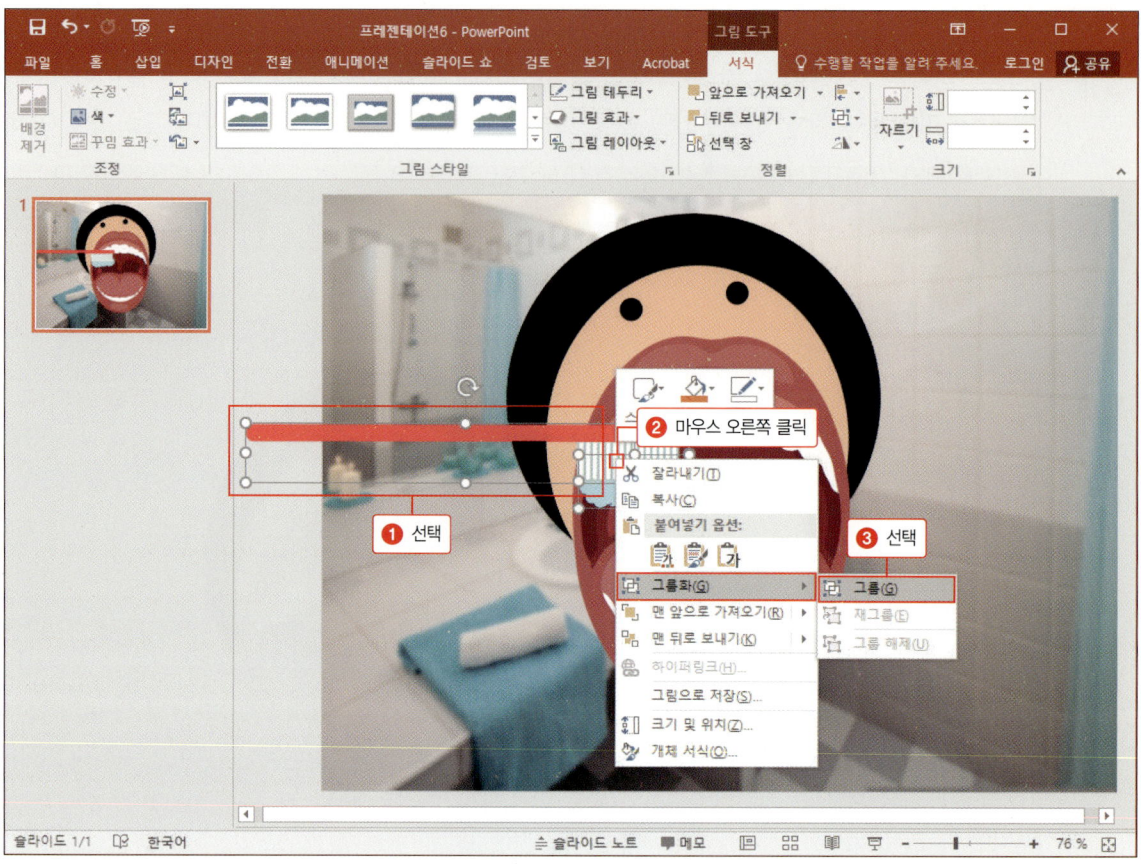

04 회전점을 드래그하여 그림과 같이 회전해요.

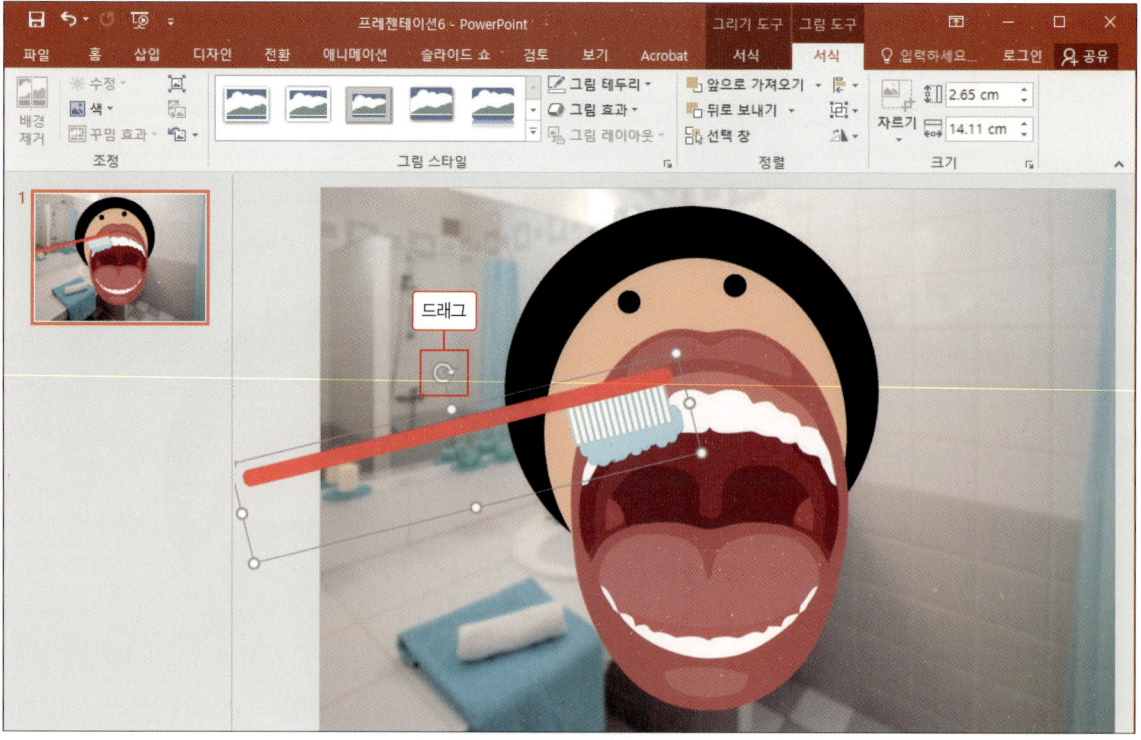

 **4 경로 만들어 애니메이션 적용하기**

01 〔애니메이션〕 탭에서 〔자세히(▼)〕를 클릭한 다음 '사용자 지정 경로'를 선택해요. 치아를 여러 번 클릭하면서 그림과 같이 애니메이션 경로를 만들어요.

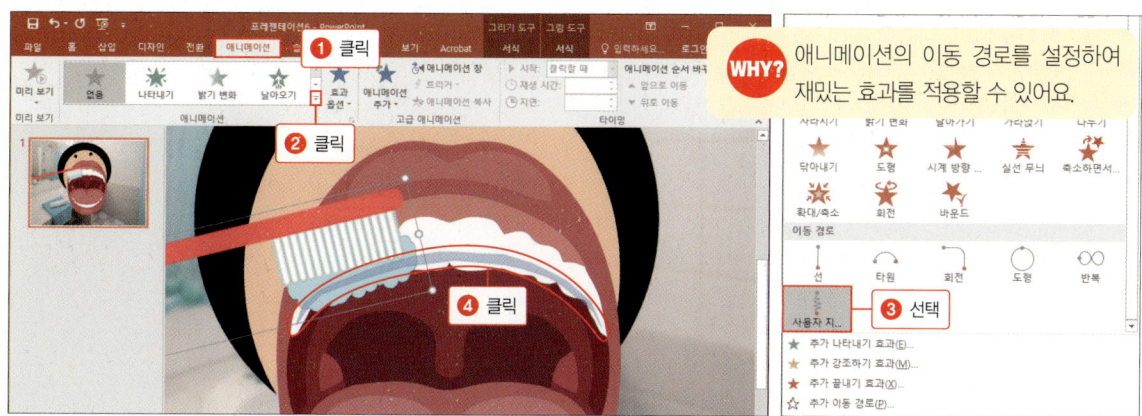

 WHY? 애니메이션의 이동 경로를 설정하여 재밌는 효과를 적용할 수 있어요.

02 〔애니메이션〕 탭에서 〔추가 효과 옵션 표시(▣)〕를 클릭해요. 〔사용자 지정 경로〕 대화상자가 표시되면 〔효과〕 탭에서 부드럽게 시작을 '0초', 부드럽게 종료를 '0초', 바운드 종료를 '0초'로 지정한 다음 〔확인〕을 클릭해요.

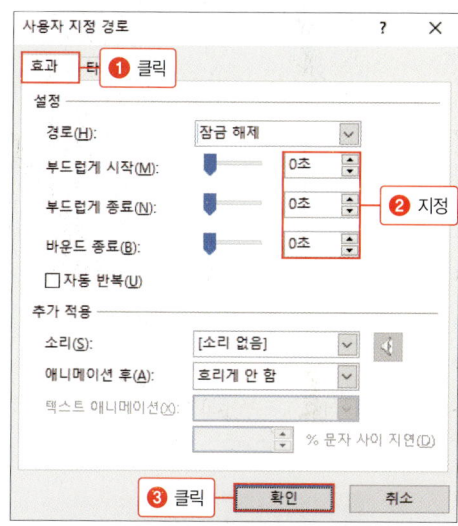

 **5 글자 입력하기**

01 23 폴더에서 '치약.png' 파일의 이미지를 삽입한 다음 그림과 같이 배치해요.

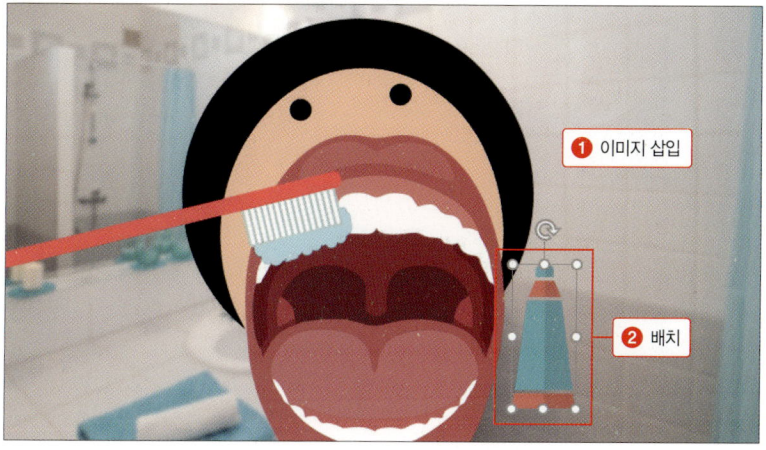

02 〔삽입〕 탭에서 〔텍스트 상자(🔲)〕를 클릭한 다음 '가로 텍스트 상자'를 선택하고 드래그하여 그림과 같이 입력해요. 〔홈〕 탭에서 글꼴과 글꼴 크기, 글꼴 색을 지정해요.

• **글꼴** : 여기어때 잘난체 **글꼴 크기** : 24 **글꼴 색** : 흰색, 배경 1

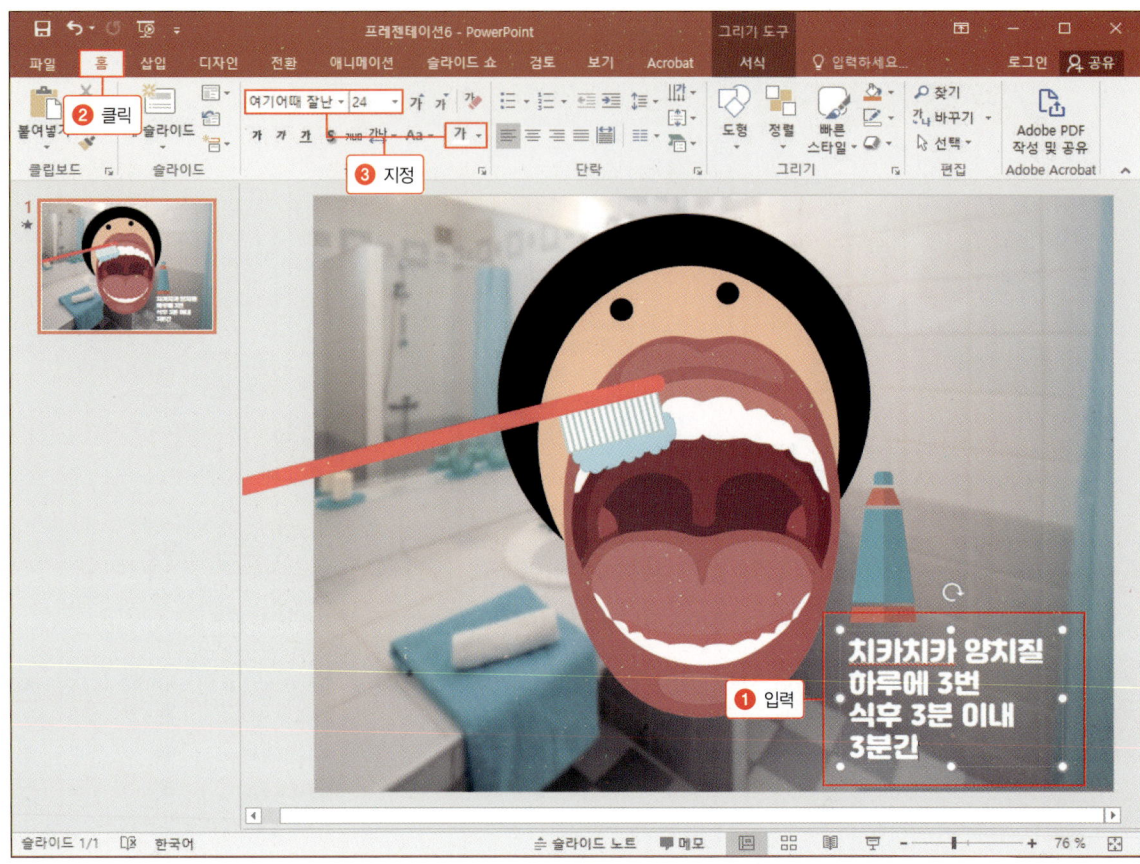

03 슬라이드 하단에 〔슬라이드 쇼(🖵)〕를 클릭하고 Enter 를 누르면 전체 화면에서 애니메이션을 확인할 수 있어요.

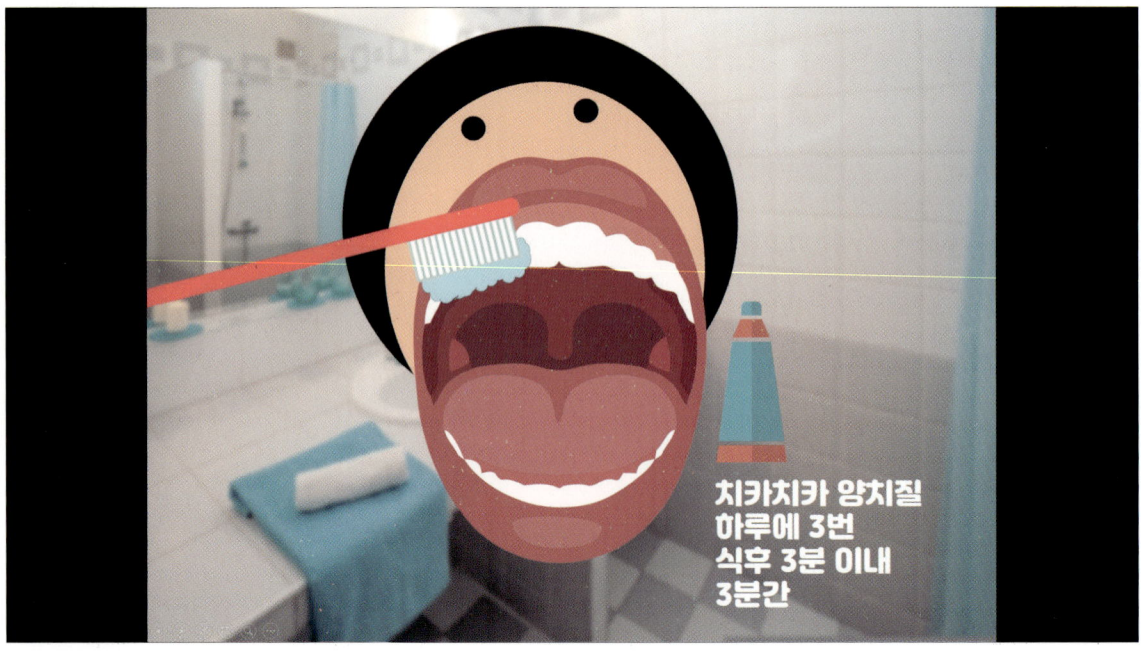

01 ▶ 물고기가 움직이는 애니메이션을 만들어 보세요.

● 예제파일 : 23_물고기 애니메이션.pptx　　● 완성파일 : 23_물고기 애니메이션(완성).pptx

❶ '사용자 지정 경로' 애니메이션을 적용하여 경로를 직접 만들어요.

비가 만들어지는 과정 애니메이션 만들기

24 수업

도형에 그러데이션을 적용하고, 애니메이션을 적용하여 비가 만들어져 내려오기까지의 과정을 애니메이션으로 쉽게 만들어 보세요.

- 도형을 그리고 그러데이션을 적용해 보세요.
- 이미지를 자르고 애니메이션을 적용해 보세요.

● 예제파일 : 24_비 애니메이션.pptx, 구름1.png, 구름2.png, 비.png   ● 완성파일 : 24_비 애니메이션(완성).pptx

슬라이드를 복사하고, 수평선을 그렸어요. **HOW!**

도형 도구로 물방울과 얼음 알갱이를 그리고, 그러데이션을 적용했어요. **HOW!**

비가 만들어지는 과정에 따라 자연스럽게 애니메이션 옵션을 변경했어요. **HOW!**

물방울과 얼음 알갱이, 비 이미지에 애니메이션을 적용했어요. **HOW!**

1 이미지 삽입하고 글자 입력하기

01 24 폴더에서 '비 애니메이션.pptx' 파일을 열어요. 〔삽입〕 탭에서 〔그림(🖼)〕을 클릭하여 〔그림 삽입〕 대화상자가 표시되면 24 폴더에서 '구름1.png', '구름2.png' 파일을 선택한 다음 〔삽입〕을 클릭해요. 구름 이미지가 삽입되면 그림과 같이 배치해요.

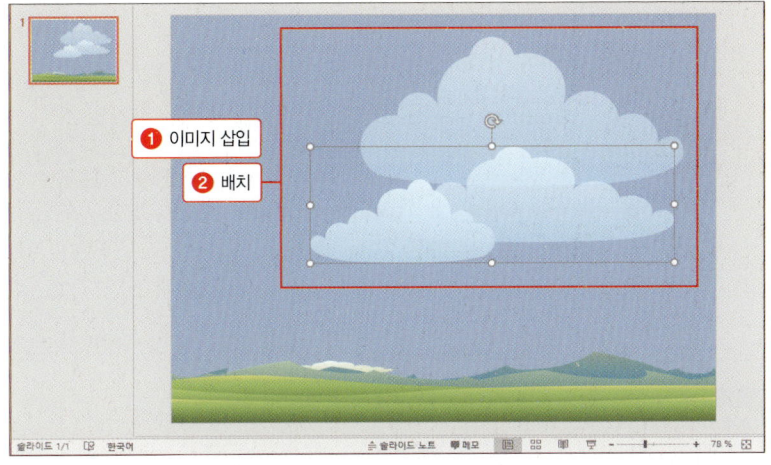

02 〔삽입〕 탭에서 〔텍스트 상자(📝)〕를 클릭한 다음 '가로 텍스트 상자'를 선택하고 드래그하여 '수증기와 대기가 상승하고 구름이 발달해요.'를 입력해요. 〔홈〕 탭에서 글꼴과 글꼴 크기, 글꼴 색을 지정해요.

- **글꼴** : 나눔손글씨 펜
  글꼴 크기 : 20
  글꼴 색 : 파랑

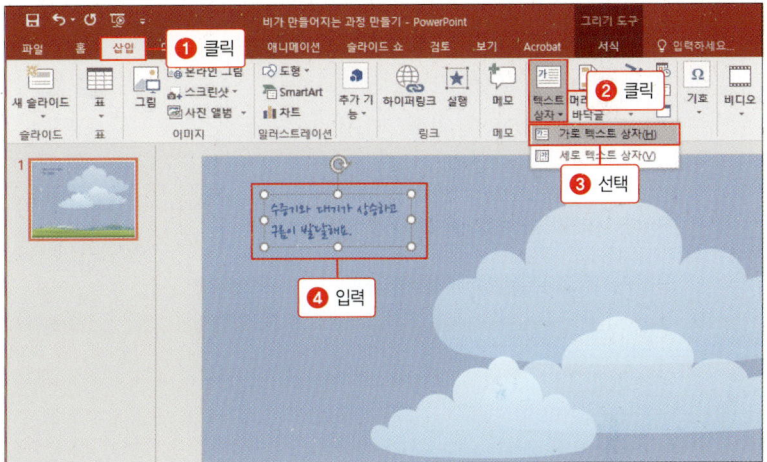

2 슬라이드 복사하고 선 그리기

01 1번 슬라이드를 마우스 오른쪽 버튼으로 클릭한 다음 '슬라이드 복제'를 선택하면 슬라이드가 복사돼요.

02 〔삽입〕 탭에서 〔도형()〕을 클릭해요. 〔선(◯)〕을 클릭하고, Shift를 누른 상태로 드래그하여 3개의 수평선을 그려요. 〔서식〕 탭에서 〔도형 윤곽선(◯)〕을 클릭하여 색과 두께를 지정한 다음 그림과 같이 배치해요.

- **윤곽선 색** : 파랑
  두께 : 2 ¼ pt

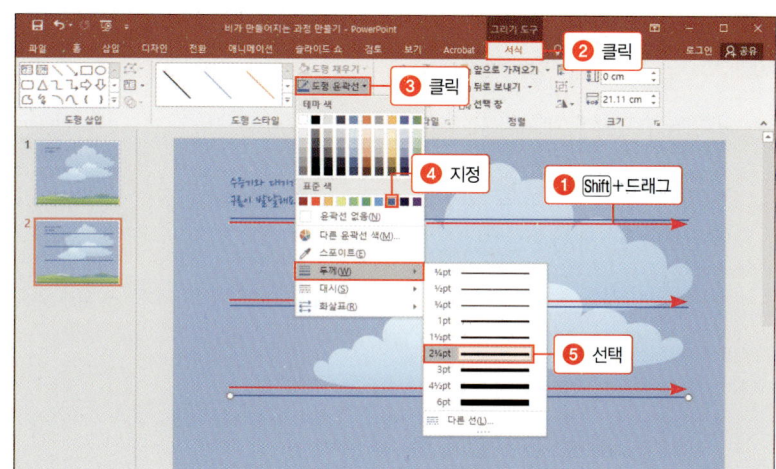

3 도형에 그러데이션 적용하고 이미지 자르기

01 〔서식〕 탭에서 〔타원(◯)〕을 클릭한 다음 Shift를 누른 상태로 드래그하여 정원을 그려요. 〔도형 윤곽선(◯)〕을 클릭하여 색을 지정한 다음 〔도형 채우기(◯)〕를 클릭하여 '그러데이션' → '기타 그러데이션'을 선택해요.

- **윤곽선 색** : 윤곽선 없음

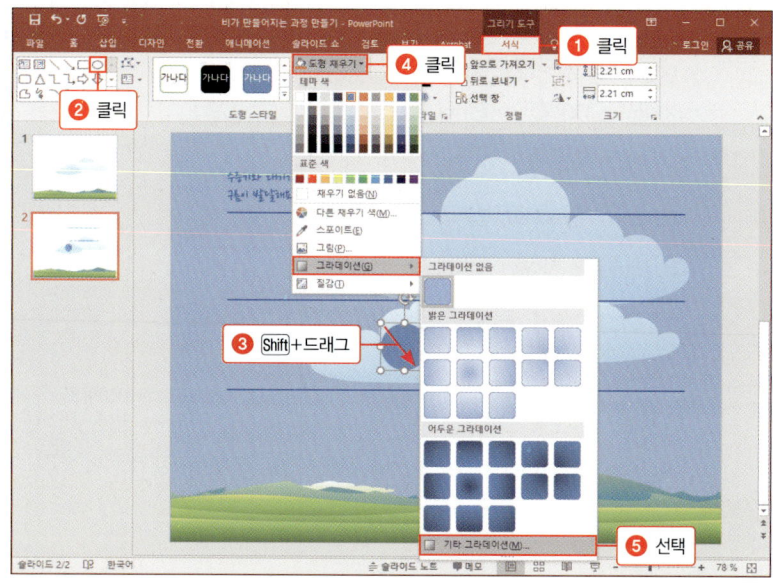

02 〔도형 서식〕 패널이 표시되면 종류를 '경로형'으로 지정해요.

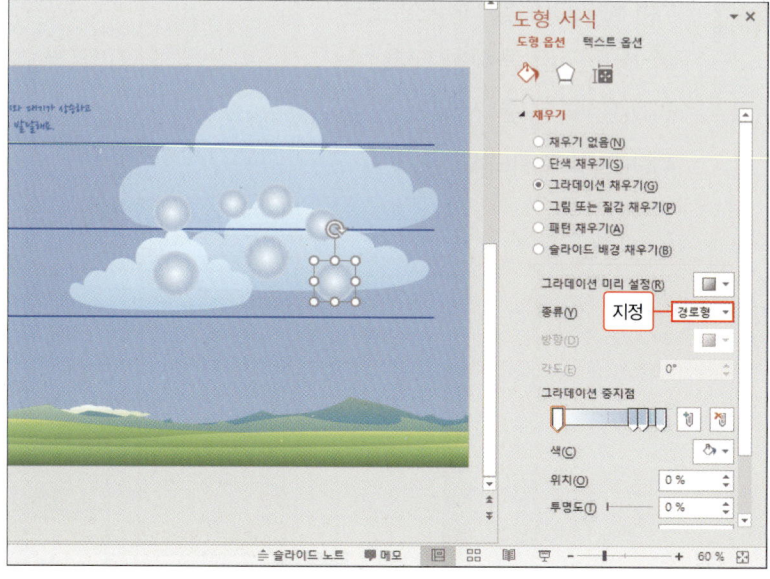

03 Ctrl+C를 눌러 정원을 복사하고, Ctrl+V를 눌러 여러 개 붙여 넣은 다음 크기를 조절하여 그림과 같이 배치해요.

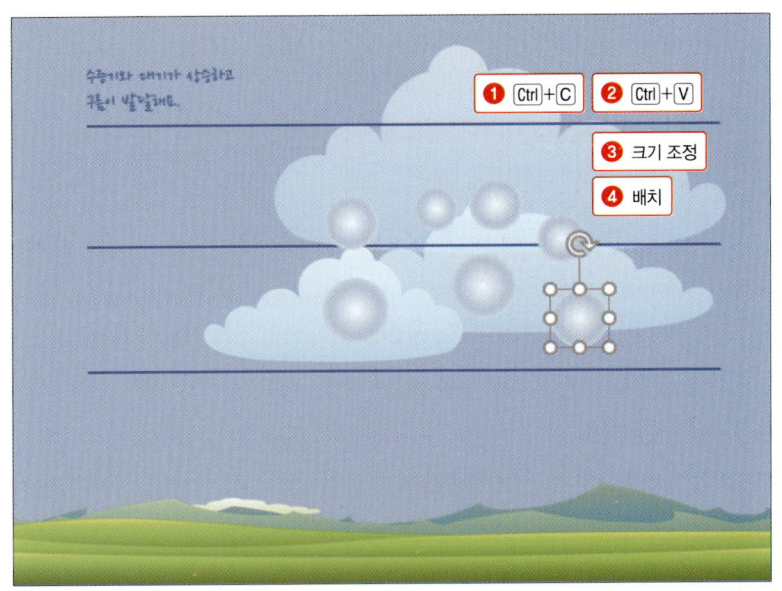

04 〔서식〕 탭에서 〔다이아몬드(◇)〕를 클릭한 다음 드래그하여 그려요. 〔도형 윤곽선(✐)〕을 클릭하여 색을 지정한 다음 〔도형 서식〕 패널에서 '그라데이션 채우기'를 선택해요. 그라데이션 미리 설정을 '아래쪽 스포트라이트 - 강조1', 종류를 '경로형'으로 지정한 다음 〔닫기(✕)〕를 클릭하여 패널은 닫아요.

• 윤곽선 색 : 윤곽선 없음

05 Ctrl+C를 눌러 다이아몬드를 복사하고, Ctrl+V를 눌러 여러 개 붙여 넣은 다음 크기를 조절하여 그림과 같이 배치해요.

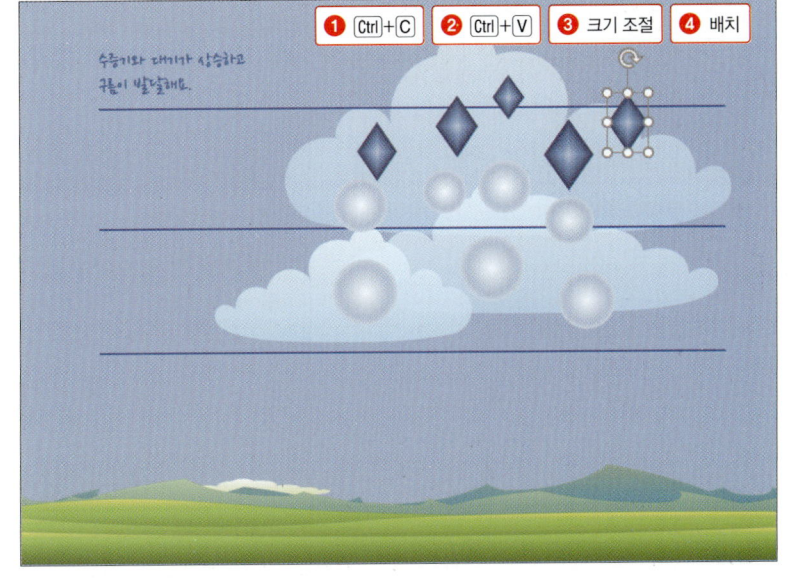

24 • 비가 만들어지는 과정 애니메이션 만들기

06 오른쪽 상단에 정원과 다이아몬드를 복사하여 배치해요. 〔삽입〕 탭에서 〔텍스트 상자(　)〕를 클릭한 다음 '가로 텍스트 상자'를 선택하고 드래그하여 '물방울', '얼음 알갱이'를 입력해요. 〔홈〕 탭에서 글꼴과 글꼴 크기, 글꼴 색을 지정해요.

- **글꼴** : 맑은 고딕   **글꼴 크기** : 4
  글꼴 색 : 파랑

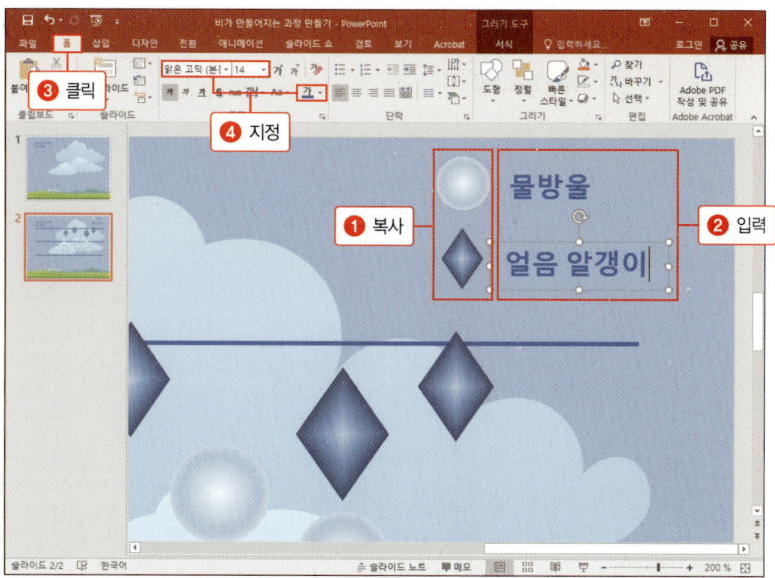

07 수평선 왼쪽에는 '-40°', '0°', 수평선 위에는 그림과 같이 내용을 입력한 다음 〔홈〕 탭에서 글꼴과 글꼴 크기, 글꼴 색을 지정해요.

- **글꼴** : 나눔손글씨 펜
  글꼴 크기 : 20   **글꼴 색** : 파랑

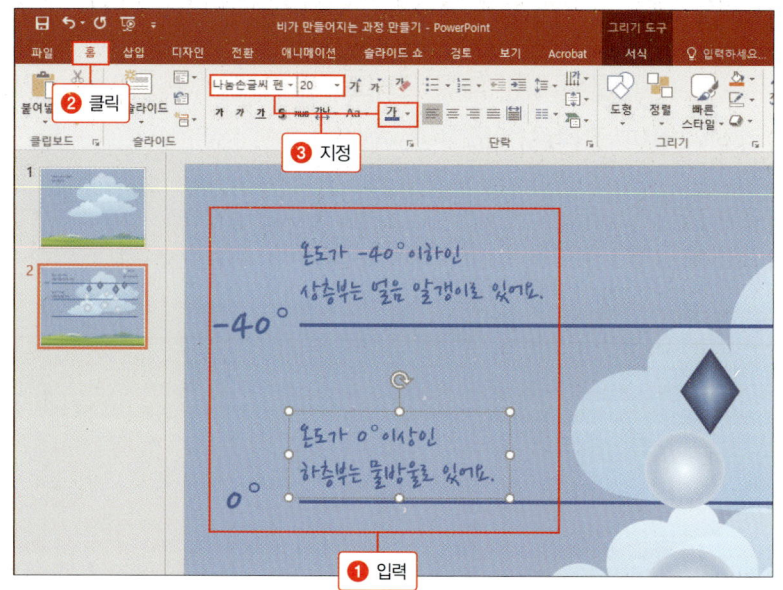

08 24 폴더에서 '비.png' 파일의 이미지를 삽입한 다음 그림과 같이 배치해요. 〔자르기(　)〕를 클릭한 다음 '자르기'를 선택해요.

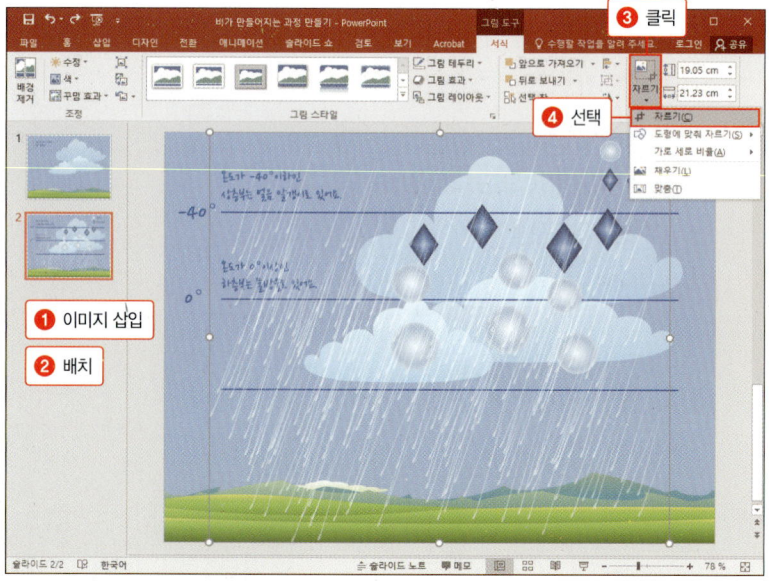

09 드래그해서 그림과 같이 비 이미지를 잘라요.

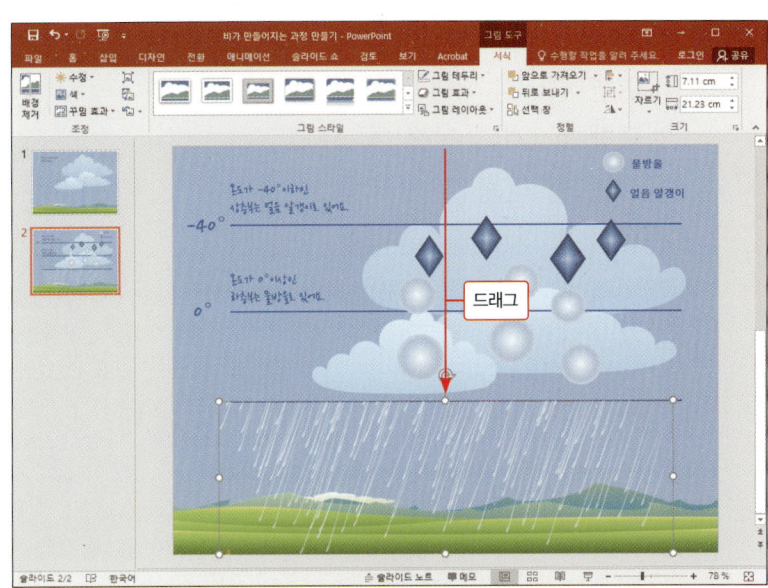

4 애니메이션 적용하고 설정하기

01 정원을 모두 선택하고 〔애니메이션〕 탭에서 '밝기 변화'를 선택해요. 시작을 '클릭할 때', 재생 시간을 '02.00'으로 지정해요.

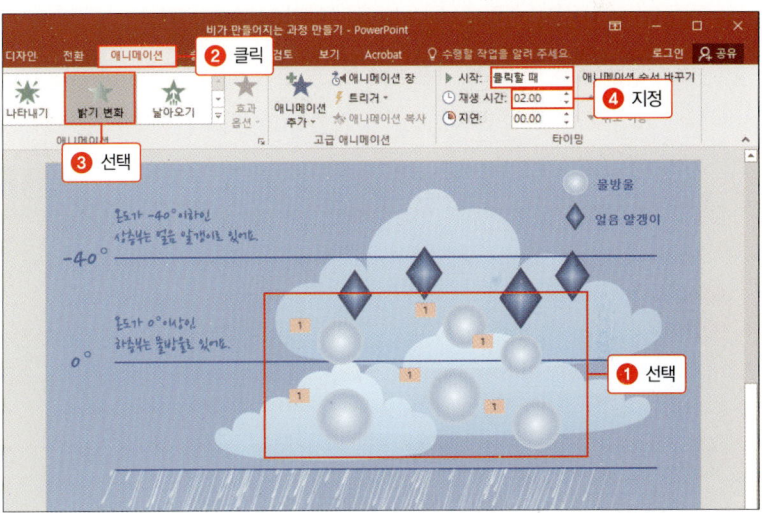

02 다이아몬드를 모두 선택하고 〔애니메이션〕 탭에서 '밝기 변화'를 선택해요. 시작을 '이전 효과와 함께', 재생 시간을 '02.00'으로 지정해요.

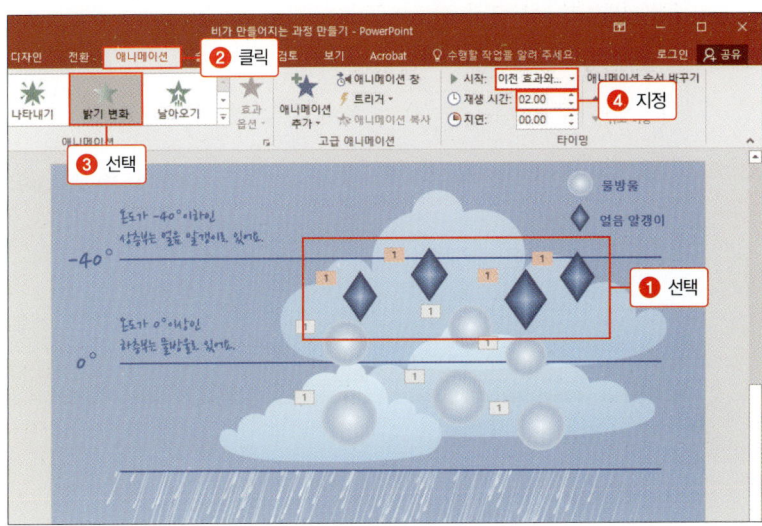

24 · 비가 만들어지는 과정 애니메이션 만들기 **157**

03 비 이미지를 선택하고 〔애니메이션〕 탭에서 '닦아 내기'를 선택해요. 〔효과 옵션(✱)〕을 클릭한 다음 '위에서'를 선택하고, 시작을 '클릭할 때', 재생 시간을 '02.00'으로 지정해요.

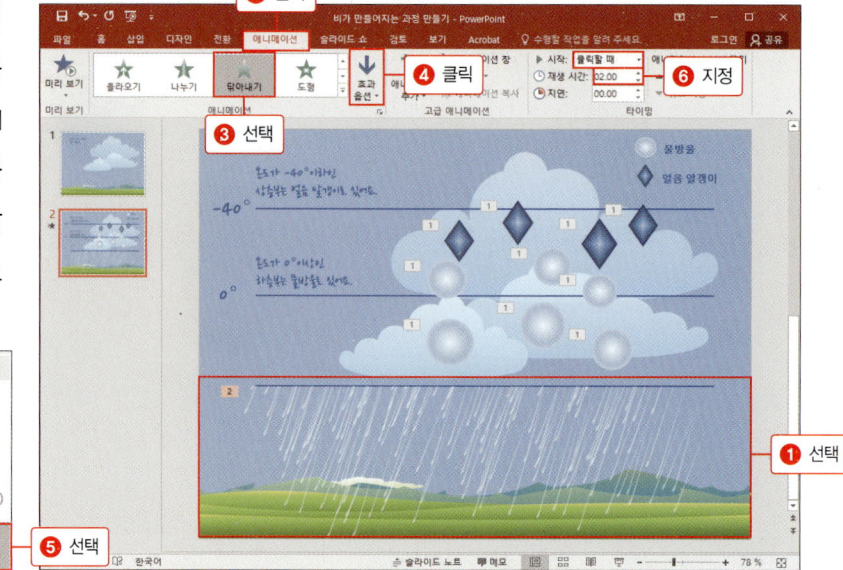

04 〔애니메이션〕 탭에서 〔추가 효과 옵션 표시(⬚)〕를 클릭해요. 〔닦아내기〕 대화상자가 표시되면 〔타이밍〕 탭에서 반복을 '슬라이드가 끝날 때까지'로 지정한 다음 〔확인〕을 클릭해요.

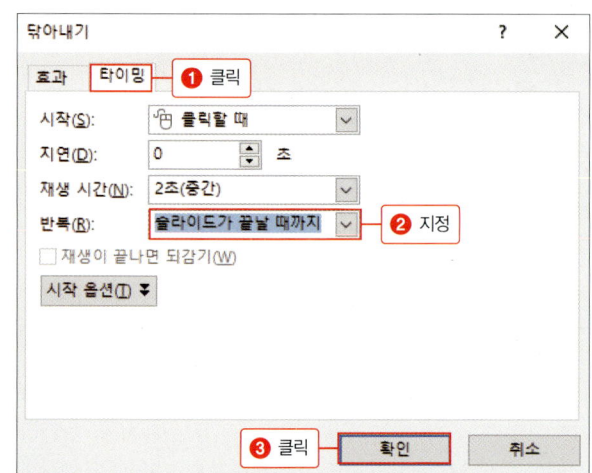

WHY? 애니메이션의 순서와 타이밍 등을 설정하면 스토리가 있는 문서를 만들 수 있어요.

05 1번 슬라이드를 선택하고, 슬라이드 하단에 〔슬라이드 쇼(🖵)〕를 클릭한 다음 Enter를 누르면 전체 화면에서 애니메이션을 확인할 수 있어요.